# 六十华章

## 上海建工图志

1953 — 2013

# SIXTY YEARS' BRILLIANT WORKS
PICTORIAL ANNALS OF SHANGHAI CONSTRUCTION GROUP

1953－2013

主编　蒋志权

中国建筑工业出版社

### 编辑委员会

**主 任**
蒋志权

**副主任**
徐 征　杭迎伟　范忠伟

**委 员**
郭雪林　张立新　童继生　林锦胜
房庆强　卞家骏　汤 伟　龚 剑　尹克定　朱忠明　秦宝华

# 前言
PREFACE

上海建工已经走过整整60年了。这是艰苦创业的历程，是改革创新的历程，是追求卓越的历程。它是国有建筑企业从小到大、从弱变强，走向市场、融入市场，求变图新、涅槃嬗变的真实写照；也是中国建筑企业参与国际竞争，跻身国际著名建筑企业之林的成功范例。

历史上，上海建筑业曾经有过繁荣时期，为塑造江南重镇、"东方巴黎"、"万国建筑博览会"发挥了独特的作用。然而，上海建筑业真正的振兴和高速发展是在新中国成立后，尤其是改革开放带来的极好机遇。在新中国成立后各个历史阶段，上海建工不辱使命，勇于担当，为国家的重大工程、为上海工业基地和卫星城镇、为"大小三线"建设洒下了汗水、贡献了智慧。浦东开放开发和大规模的城市建设，更为上海建工大显身手摆开了大舞台。一大批具有国际一流水平的超高层建筑、大型桥梁、公共设施在上海建工人手中诞生，一项项经典的"传世之作"、一座座城市地标性工程的建设无不与"上海建工"的名字相连。可以说，上海建工无愧于上海和国家建设主力军的称号。

国有建筑企业曾经被称为"不穿军装的工程兵"。但是，计划经济的束缚导致企业能打硬仗但缺乏活力，高度集中而少有自主经营。建筑业作为国家城市经济体制改革的突破口，为上海建工摆脱计划体制的藩篱提供了可能，社会主义市场经济体制的取向更为上海建工的发展指明了方向。上海建工率先在全国同行业中实行财政包干，实行百元产值工资含量包干；推行项目管理新模式，实行管理层和作业层分开，进而使传统建筑企业组织体制、运营方式发生革命性的变革。上海建工在全市政府机构、国有资产管理和建立现代企业制度的改革中迈出了第一步；对原有企业进行"削枝精干"、"剥离改制"，股票上市，进而整合优势资源，实现集团整体上市的目标。上海建工以市场为导向，突出建筑主业，产业链得到延伸；立足上海，辐射全国，拓展海外。上海建工已经从一个以房屋建筑为主的地方国有建筑企业发展成一个集投资、设计、建设为一体，设计、施工、采购相衔接的国内外知名的建设集团。

创新是企业发展不竭的动力。20世纪50年代,上海建工人为了摆脱"肩扛人挑"的落后局面,开展群众性的技术革新活动,减轻劳动强度,提高工作效率。在改革开放时期,面对一系列世界级工程的挑战,上海建工广大科技人员不畏艰险,敢于突破,把前瞻型研究和攻关型开发紧密结合,把原创和借鉴有效融合,在完成工程建设任务的同时,形成了一批具有国内先进水平、有的达到国际先进水平的成套技术,大大提升了中国工程技术的水平和能力。同样,在提高总承包、总集成能力的总体目标指引下,多种总承包方式加快推行,集成内外资源的能力不断提高;企业内部各种激励机制、约束机制的健全,调动了各个层面的积极性,一个适应市场又符合企业实际的管理体制正在逐步完善。创新给上海建工带来了活力,增强了实力,形成了较强的市场竞争能力和社会影响力。

60年的征程造就了上海建工优良的传统和作风,培育了一支志在四方、敢打硬战、永不言败、追求卓越的职工队伍。各级党组织的坚强领导和党员的先锋模范作用使企业发展有了保障,职工有了主心骨。各项民主管理制度和职工权益保障措施的落实,让职工感受到了主人翁的权利和责任。持续开展企业文化建设,着力造就企业的"软实力"已成为集团上下的共识,正在转化为集团的综合竞争能力。

历史已经证明上海建工的非凡和执著,历史还将期待上海建工新的承担和创造。上海建工将继续秉承"和谐为本,追求卓越"的核心理念,继往开来,凝心聚力,为实现"具有国际竞争力的建设集团"的愿景而不懈奋斗!

本画册借鉴图志的形式,图文并茂地把上海建工60年发展的基本轮廓、主要事件和重要业绩记录下来,力求使一批反映上海建工历史的宝贵的文字、文件、照片等资料得以保存,资政育人,延续历史。

# 目 录
## CONTENTS

## 第 1 章
### 黄浦江畔的鲁班传人     009
### DESCENDANTS OF LU BAN ON THE HUANGPU RIVER SIDE

垒城 …………………………………… 010
筑塔 …………………………………… 012
造桥 …………………………………… 014
建楼 …………………………………… 016
营造厂 ………………………………… 026

## 第 2 章
### 南征北战的创业征程     031
### PIONEERING JOURNEY THROUGHOUT THE COUNTRY

组建国营队伍 ………………………… 032
支援重点建设 ………………………… 042
奠基上海工业 ………………………… 046
开展技术革新 ………………………… 051
革新工艺体系 ………………………… 057
奔赴三线建设 ………………………… 062
唐山抗震救灾 ………………………… 066

## 第 3 章
### 变革时代的改制转型     069
### INTRODUCTION OF SHAREHOLDING SYSTEM & SHIFT OF GROWTH MODEL IN THE REFORM ERA

转变经营机制 ………………………… 070
推行项目管理 ………………………… 075
企业体制改革 ………………………… 079
实现整体上市 ………………………… 084

## 第 4 章
### 决胜市场的产业发展     093
### ADJUSTMENT IN BUILDING INDUSTRY DEVELOPMENT FOR EFFICIENT MARKET EXPANSION

构筑都市新地标 ……………………… 094
实行专业新拓展 ……………………… 121
推进工业化生产 ……………………… 128
开拓国内新市场 ……………………… 137
竞争海外大市场 ……………………… 141
发展设计与咨询 ……………………… 153
教育医疗文化事业 …………………… 156

# 第 5 章
## 与时俱进的技术创新　161
### ADVANCE WITH THE TIMES AND TECHNOLOGICAL INNOVATION

高空揽胜 …………………… 162
跨江过海 …………………… 170
磁浮工程 …………………… 174
地下攻坚 …………………… 175
特种技术 …………………… 177
先进装备 …………………… 180
创新体系 …………………… 183

# 第 6 章
## 企业党建与企业文化　187
### PARTY BUILDING AND CORPORATE CULTURE

党建工作 …………………… 188
企业文化 …………………… 200
社会责任 …………………… 214
民主管理 …………………… 218
群众工作 …………………… 220
离休干部管理 ……………… 224
退休职工管理 ……………… 225

## 大事记1953—2013　235
### CHRONICLE OF EVENTS 1953—2013

## 历任领导及有关负责人名录　252
### LIST OF SUCCESSIVE LEADERSHIP

# 第 1 章
## 黄浦江畔的鲁班传人

DESCENDANTS OF LU BAN
ON THE HUANGPU RIVER SIDE

上海，长江三角洲的一方热土。唐宋年间已形成几处繁华重镇，至元代设上海县，明清时期成为江南名城。

历史，记录了上海作为传统建筑业较发达地区之一和近代中国建筑业发源地的产业辉煌。这其中，既有魏晋时的垒城、唐宋时的造塔架桥、明时的筑园，更有清代的建楼。尤其是到了近代，国内外工业、贸易、房地产、金融等经济在上海地区的一时繁荣，给建筑业的崛起带来了契机，出现了一段中西交汇式的建设高峰期。其间出现的大量欧陆风格建筑，成为日后上海城市形象的重要标志，上海由此被冠名"东方巴黎"、"万国建筑博览会"。

Lu Ban, a talented carpenter in ancient China, who became the founder of architecture in Chinese folklore.

# 垒城

上海历史上袁山松、方廉、李平书等人以筑城名垂青史。袁山松（？—401年）官至吴郡（苏州）太守，管辖包括今天上海青浦、松江、金山及附近江南沿海一带。据记载，袁山松垒筑的第一座城选址吴淞江入海口的古代青浦县境内（今普陀区光新路附近）。城的形制沿用汉魏模式，长方形，材料多取之当地。这座城垒由东西两城组成。东城四座城门，城墙长度"广万步"，城内可驻军上万。城墙因地处吴淞江与东海的交界处，故称"沪渎垒"。

"沪渎垒"历经千年早已不见。1553年，松江知府方廉下令筑城，规模为历史之最。清末，曾任上海华界总工程局局长的李平书为改善城区交通，又在该城墙上新开了3座城门。民国期间，这座城墙大部被拆，有约30米长的遗址留存至今。

1

古代筑城，建造时先搭脚手架，再横向竖两块木制墙板，把土装进箩筐，抬至高处倒入板墙内，然后用"墙杵"夯实捣密，如此一层层筑至墙顶。为增加土墙的强度，袁山松用江中芦苇做筑墙的拉筋，类似今天的钢筋，土墙中间则放置了横木，类似今天的桁架。

2

明代筑城，城高8米，长8里有余，设6座城门，四周挖有深沟，引江水形成护城河。城墙上部筑有城垛、箭台和挑层等军事楼阁。该城墙是上海古代最大的公共建筑，约3万人参建，3个月建成。施工时，城墙基础经过浅层加固处理，所用墙砖均为专门烧制，并采用了高墙脚手、轱辘、滑轮、绞盘等专用工具。图为清代嘉庆年间手绘的城墙图。

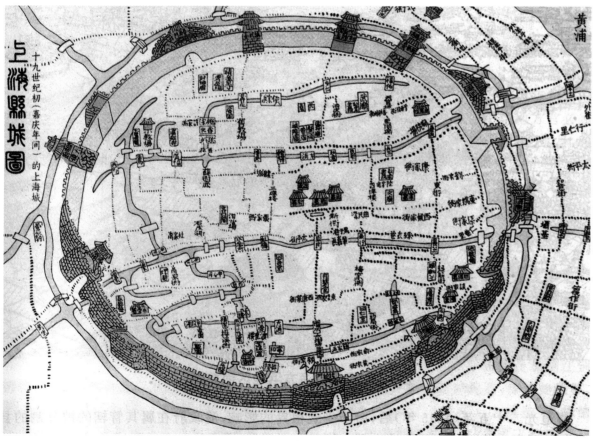

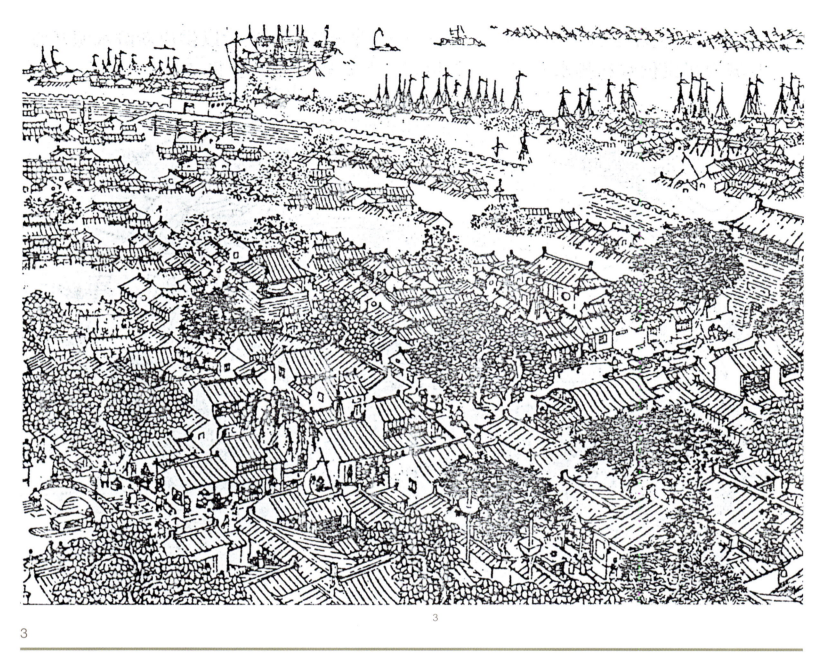

3

明代上海城方浜地区（今十六铺一带）。黄浦江上风帆林立，城区内府邸民居成片，街巷楼阁一派繁华景象。

4

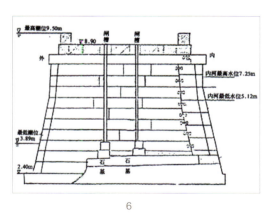

5

6

4

清代上海城墙。护城河已被填埋，城墙上的砖头被大量拆下，派作他用。

5

2001年5月，上海建工在志丹路延长路附近的志丹苑小区施工中，发现一处古代水闸遗址，施工人员及时加以保护。后经文物部门考古发掘，证明是元代时期水利工程遗址。遗址总面积1300多平方米，由闸门、闸墙、围水石墙、基础木桩等组成。现已在此处建成古代水闸博物馆。

6

水闸基础、墙体、闸门等示意图

# 筑塔

古代建筑中，寺庙宝塔比较能体现当年的建筑技术。上海地区现存的古塔有10多座，古寺庙也有10多处。考古工作者发现，建造这些建筑的民间工匠已经具有了成熟的基础、结构、吊装、装饰等施工技术。

上海地区古代园林建筑也颇具特色。有明代张南阳，又名张山，擅长堆砌"土包石"假山。上海的豫园、日涉园，太仓的弇山园、南园、梅园等都可见到他的作品。上海历史上还有一位园林叠石家，名张涟，字南垣，明代松江人，擅长堆砌"石包土"假山。"二张"相映成辉，使浦江名园驰名全国。

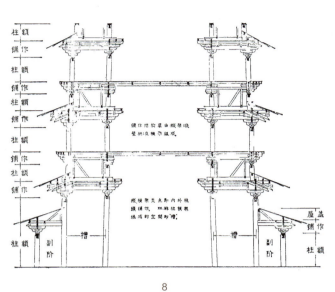

**7/8**

龙华塔，位于徐汇区龙华镇。砖木结构，高40.4米，7层。相传初建于三国年间，现存的式样为北宋年间重建形成，后经多次维修改建，保留宋代特征。龙华塔塔身主体是单筒楼阁式，由传统的木结构"筒中筒"演变而来，古代又称"金箱斗底槽"，分内、外两槽，两槽之间有桁架连接。

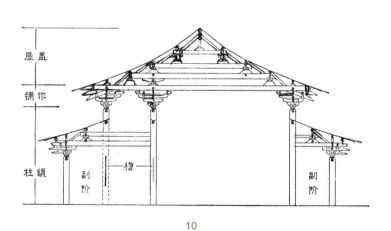

**9/10**

真如寺，位于普陀区真如镇。初建于宋代盐场（今大场），元代移建到今址。现为上海地区最早的木结构建筑。真如寺建筑类型是单檐歇山顶佛殿，东西三间房宽18.4米，南北三间进深13.1米。真如寺的基础柱脚夯土是铁渣黄土混合土，厚达2米，分10层夯实。立柱上部向内倾斜，名"金柱"，屋架大梁上留有当年工匠的墨迹。整体制式符合宋代《营造法式》标准。

**11**

位于原上海南市的"也是园"，又称"邑庙内园"。其规模及园内的草木、山石、亭阁、水景与豫园齐名。1937年"八一三"事变中被日军炮火摧毁。

12

12

明代四川布政使潘允端于嘉靖三十八年（1559年）在上海建豫园，特邀张南阳整体布局设计，历时18年完工。张南阳在近30亩的园中尽展楼台亭阁、假山流水、长廊曲桥，其浑然入画的空间组合及巧夺天工的营造手法，一时传遍江南。豫园仰山堂旁有出自张南阳之手的唯一的一座明代假山，由取自浙江武康的3000吨黄石堆成，高12米，山顶建有"望江亭"一座。整个山体树木葱葱，泉水潺潺，石壁深谷，磴道通幽，可谓众山一览。

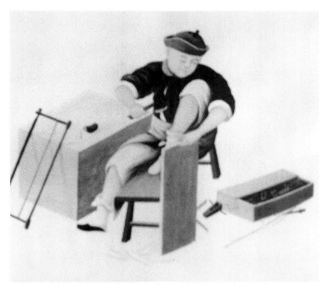

13

14

13

古代木匠，是建筑工匠中的"头牌"。所用的工具有锯、刨、斧、凿、锥、准、绳、尺等几十种。木匠多数还懂设计"打样"，担任领班。

14

古代石匠，从采石开始，还要精通选材、凿刻、铺作、砌堆、湿挂、干挂等工艺。

## 造桥

上海地处江南水乡，是江河湖海流经之处，河多、桥多是重要的特点。据不完全统计，上海地区传承至今的古代桥梁有近300座，知名的有松江的望仙桥、青浦的放生桥、豫园的九曲桥等。1893年，上海洋泾浜建起了2座钢结构人行桥。之后，苏州河上架设了30余座新式桥梁，其中外白渡桥一度成为上海的地标建筑。1929年，为实施当时的"大上海计划"，江湾五角场地区新建了20余座桥梁。

15

16

15／16

外白渡桥建桥初期场景，清光绪三十三年（1907年）。外白渡桥式样是钢桁架下承式桥，长106.7米。上海的姚新记营造厂、陈根记营造厂参与了桥基、桥墩施工，英属新加坡建桥商承建主桥。解放前后该桥经多次维修，2008年为配合外滩改造，进行了整体迁移维修。

17

17

从20世纪初开始，苏州河上架起多座现代桥梁。沿外白渡桥看过去，有乍浦路桥、四川路桥、河南路桥、山西路桥等。桥与桥之间的间隔密度以及建造工艺，在当时全国同类城市中领先。上海的新仁记营造厂、大昌建筑公司等参与了施工。

最引以为骄傲的是上海营造业中标建造的浙江钱塘江大桥，这是1949年前由我国自行设计、施工的全国最大的桥梁。桥长1453米，主桥1072米，16孔，桥面宽6.1米，桥墩距离65.84米，净空高度9米。上海三家营造厂和两家外商中标，主桥由上海康益洋行施工，南、北引桥为上海新亨营造厂和上海东亚建筑工程公司建造。按当时的工艺与设备，大桥施工可谓之难，但都在短短的三年内被一一攻克，如期竣工，在抗日战争期间为当年运送抗战将士和物资发挥了重要作用。图21为大桥施工，利用浮桥架设主桥钢梁。图22为搭设施工用的临时浮桥。

### 18

1942年，中国科学图书仪器公司出版了《世界工程奇迹》一书。把中国钱塘江大桥、滇缅公路等工程的建造过程与英国伦敦塔、苏联西伯利亚铁路、美国旧金山钢桥并列一起记载。

19　　　　20

19／20／21／22

图19为钱塘江大桥设计者茅以升（1896—1989）。
图20为康益洋行总经理康立德（丹麦籍，A.Corrit）（1892—？）。

21

22

### 23

望仙桥，上海现存最早的古桥。位于松江方塔园内，建于南宋年间。桥为典型的梁柱式，木石结构。由于年代久远，木栏杆、木梁架已不存。

### 24

位于青浦朱家角中心河道上的放生桥，建于清代，为五孔联拱超薄型石桥。桥栏、桥顶、桥壁雕有花饰。

### 25

豫园湖心亭边上的九曲桥，是上海一处著名的旅游景点。明代初建，清代复建。解放后改为钢筋混凝土结构。

23

24

25

## 建楼

上海是近代中国的开放口岸，各种中外设计流派的楼宇争奇斗艳。20世纪二三十年代，上海迎来了近代建筑的高潮期。外滩的德国总会（中国银行旧址）、英国总会（今中山东一路3号）、亚细亚大楼（今中山东一路1号），江西路上的"德律风"电话公司大楼，四川路上的邮政大楼等，成为欧美现代与古典建筑流派的代表之作。83.6米高的国际饭店、76.7米高的百老汇大厦（上海大厦）、77米高的沙逊饭店（和平饭店）、70米高的中国银行、"大上海计划"建筑群等，成为中国新建筑流派的代表之作。1989年—2004年，上海公布了4批600多幢优秀历史建筑，均为当年的中外建筑经典样式。

**26**

早期外滩江海关，古代楼阁样式。

**27**

江海关二期，杨瑞泰营造厂建造。工程主楼为砖、石、木结构，高3层，局部5层，配有水电供暖设备，可容五六百人办公。由于大楼须在江边软土地基上打桩，承包的外商以失败而放弃。杨瑞泰营造厂接手后，虚心请教各方，最终顺利奠基开工。在大楼主体结构施工中，厂主杨斯盛的要求近乎严苛，不仅砖的形状、质量，而且每堵墙的垂直度都须专人检测，发现问题一律推倒重砌。1893年大楼落成，31年后被拆除，原址兴建第三代钢结构海关大楼。

**28**

杨斯盛（1851—1908），川沙人。清光绪六年（1880年）创办上海第一家营造厂——杨瑞泰营造厂。杨斯盛是近代上海实业界、建筑界、教育界先驱人物，带出的徒弟多人成为上海本帮建筑界的成功人士。他筹建鲁班殿、水木工业公所行业团体，与黄炎培等人结交深厚，共同创办浦东中学。杨斯盛去世后，政府为其立铜像，入名人录。

**29**

威尔逊（G.L.Wilson），公和洋行（后改名"巴马丹拿"）创始人、合伙人之一。公和洋行1886年创立，总部设在香港，1911年在上海设分部，后不久总部搬到上海。20世纪初到抗战前，公和洋行在上海主持设计的大楼有30多座。今天的外滩的一半建筑是公和洋行设计。解放前夕，公和洋行搬回香港，使用"巴马丹拿"设计师事务所名称。

30

建于1927年的海关大楼，又称"海关三期"位于中山东一路13号。英国公和洋行设计，为希腊古典式和近代几何体相结合的风格，由新金记营造厂承包施工。大楼高70米，建筑面积3.3万平方米。主体钢结构，外部立面大面积采用石材工艺，顶部的大钟为亚洲之最。

31

陶桂林（1891—1992），南通人。1922年创办馥记营造厂，后发展成全国最大的建筑公司。馥记营造厂承建了广州中山纪念堂、上海国际饭店和大新公司（今第一百货公司）、南京中山陵三期。抗战期间转到内地承建了大桥、工厂等工程，在重庆受到毛泽东、周恩来的接见。解放前，陶桂林曾担任上海及全国的营造业行业协会主席。解放初期，馥记营造厂首批被吸收到国营建筑队伍中。陶桂林本人去台湾，成立新的建筑公司，后很快发展成亚太地区著名的建筑企业。

32

邬达克（L.E.Hudec），1918年前后来到上海，1947年去美国。在上海期间先后设计60多幢建筑，有三分之一列入上海优秀历史建筑。在从事建筑事业中，邬达克与洽兴营造厂厂主王才宏、馥记营造厂厂主陶桂林等人交往密切。

33

国际饭店，地处南京西路170号，建于1934年。地上22层、地下2层，老上海俗称"24层"。建成时高度83.6米。邬达克建筑师事务所设计，主体结构由馥记营造厂承包，桩基和地下工程由康益洋行和洽兴营造厂建造。竣工后，为中国乃至远东最高建筑。国际饭店施工采用了40米梅花桩、钢框架、汽泥砖隔墙、花岗石加面砖外墙等新工艺。

34

百老汇大厦（今上海大厦），建于1934年，位于北苏州路20号。建筑面积2.6万平方米，英国业广地产公司投资设计，新仁记营造厂承包主体工程。大楼风格为现代派，钢框架结构，材料由英国道门钢厂承造，由于采用了铝钢材料，大大减轻了自重。

35

汉弥尔顿大楼（今福州大楼），1933年竣工，位于江西中路福州路口。钢筋混凝土框架结构，公和洋行设计，新仁记营造厂施工，建筑面积1.3万平方米。大楼落成后，附近又建起都城饭店、建设大厦等高层建筑，形成上海一处较知名的建筑群。

36 / 37

杨树浦发电厂5号锅炉房。位于杨树浦路2800号，建于1938年，大宝建筑厂施工。为多层全钢厂房结构，采用了高级合金钢、不锈钢、高碳钢等多种新型钢材。锅炉房高50米，所附属的铁质烟囱高110米，钢筋混凝土基础，内衬耐火砖。

38

峻岭寄庐（今锦江饭店中楼），位于茂名南路87号。建于1933年，鹤记营造厂、友联建筑公司建造。施工中采用了成套的模板、钢木脚手、井架起重等设备。大楼内安装了集中供水、供暖，电路线路全部暗埋墙体内。

20世纪30年代的外滩建筑全景。一批体量较大，设计式样新颖的建筑已经建成，形成了一道百年经典"天际线"。由图中可见，沙逊大厦（今和平饭店）边上的中国银行刚开工不久。外滩建筑共有三次较大规模的建设高潮，第一次，是19世纪中叶，鸦片战争结束后，一大批二三层的、砖木结构的洋行洋楼沿江建起。第二次，是20世纪初，洋行、银行翻造老楼，电梯、水电设备开始使用。第三次，是20世纪中期，拆旧建新，翻造现代化大楼。工程大部分由外国设计师设计，而承担施工是上海营造厂。

39

40　　41

42

### 39 / 42

民国16年（1927年），上海特别市成立。决定在属于华界的江湾五角场地区实施"大上海计划"。计划实施中，建成了市政府大厦（今市体育学院内），董大酉建筑事务所设计，朱森记营造厂施工；市立博物馆（今长海医院内），董大酉建筑事务所设计，张裕泰营造厂施工。还建成了图书馆、体育场馆、各局办公楼等建筑。"大上海计划"抗战爆发后中断，建筑受损，解放后维修一新。

### 40

董大酉（1899—1973）浙江杭县人。1922年毕业于清华学堂，1924年毕业于美国明尼苏达大学。1928年回国创办设计师事务所。承担"大上海计划"中的市政府、博物馆、图书馆、体育场馆等主要建筑设计。解放后在西北、杭州等规划、设计单位任总工程师等职，曾任中国建筑学会常务理事。

### 41

崔蔚芬（1899—1978），早年参加广州中山纪念堂工程建设，担任监工。30年代初，与张裕田等人合办张裕泰营造厂，承包"大上海计划"中市立图书馆、博物馆工程。解放后进入华东建筑工程公司、上海市建工局担任技术负责人，先后参加"洛阳三厂"、吴淞化工厂、上钢三厂等工程建设。

# 营造厂

上海近代建筑市场十分活跃，有众多从事各类建筑施工的营造厂商。营造厂的厂主作为投资人在市场注册设立企业，对工程实行承发包经营，内部从业人员大多为雇佣合同制。营造厂发展到具有一定规模且有多个投资人时，便注册为有限责任建筑公司。据官方统计，20世纪初，上海有营造厂近百家，1922年发展到200多家，1933年达到2000多家。与之相关的设计事务所，以及水电安装、竹篱脚手、石料工程、油漆、建材等行业商号，也形成了规模较大、体系完整、分工明确的产业队伍。解放后，营造厂经过个别吸收、全行业公私合营、改为国营等几种途径，大部分进入上海市建筑工程局。

### 43 / 44

南京中山陵工程，占地8万平方米。为民国期间全国最大的工程。吕彦直设计，由上海营造厂施工。工程前后历经5年，一期工程以墓室、祭堂为主，姚新记营造厂施工。二期工程以石阶、围墙、道路为主，新金记营造厂施工。三期工程是配套的楼台亭阁，馥记营造厂施工。工程中主要采用国产水泥、石材。

45

46

### 45

姚锦林（1875—1944），上海川沙人。创办姚新记营造厂，曾承建上海第一幢钢筋混凝土大楼"德律风"电话大楼、南京中山陵一期工程，并投资创办南京龙潭中国水泥厂。

### 46

吕彦直（1894—1929），安徽滁县人。清华学堂毕业，去美国留学。回国后在上海自办彦记建筑师事务所。

47

48

### 47 / 48

1920年，营造商姚锦林、顾兰洲、张继光等人与实业家聂云台、荣宗敬等合作发起创办中国水泥厂，地点选在江苏龙潭（今属南京），上海办事处在江西中路406号。中国水泥厂生产的泰山牌水泥很快与上海水泥厂的象牌水泥、唐山水泥厂的马牌水泥，作为国产水泥的三个名牌，和进口水泥展开了竞争。

49

49／50

魏清涛（1854—1932）浙江余姚人。魏清记营造厂创办人。早期在上海承包南京路永安公司大楼、西侨青年会大楼（今市体委大楼）。1914年在武汉设分厂，承建了武汉地区知名建筑江汉关大楼和武汉汇丰银行大楼（右上）。

50

51　　　　　52　　　　　53

51

何绍庭（1875—1953），浙江奉化人。1910年创办新仁记营造厂。在以后的30多年内，承建了上海10层以上的大楼10多座，大多数被列入上海优秀历史建筑名单中。还承建了苏州河上的四川路桥、河南路桥。在建造沙逊大厦（今和平饭店）时，曾抵押自己的房产来贷款为沙逊洋行垫付启动资金。新仁记营造厂是较早地采用投资入股，设立"期权股"的办法吸引人才的营造厂。解放后，新仁记营造厂整体进入国营建筑公司。

52

张继光（1882—1965），浙江鄞县人。协盛营造厂创办人，曾任上海营造业同业公会理事长。也是"宁波帮"建筑商的领军人物。协盛营造厂承建的工程有银行系统大楼，荣氏家族工业中的"申新系列"厂房。张继光还热心家乡的投资，集资建造宁波灵桥(老江桥)。解放初张在香港，听说上海需要建设人才，冒着战火坐船从海路毅然返回，带领队伍加入公私合营。张继光的后代也继承父业，在国营建筑设计院从业。

53

殷之浩（1914—1994），浙江平阳人。1936年毕业于上海交通大学土木工程学院，毕业后去内地投身抗战后方交通建设。1946年创办大陆工程公司。1948年公司迁往台湾。在当地20世纪70年代的建设高潮中，从事高层建设、桥梁建设、特种工程建设。建造台北圆山饭店、大陆大厦、圆山大桥等。同期，殷之浩开拓了中东、北美等地的海外业务，1989年还收购了美国的桥梁公司。殷之浩本人还经营各种产业，曾担任台湾合成橡胶公司、宏基电脑公司的董事长。1992年，殷之浩开始回大陆投资建设，合资建了上海新世纪商城。为母校上海交通大学捐献了一座24层的"浩兰高科技大厦"。

# 近代上海40座知名建筑的设计师和营造厂

近代上海，是中外知名设计师云集地，他们的作品多为上海营造厂建造。

### 外国设计师

#### 邬达克洋行

| | | | |
|---|---|---|---|
| 美国花旗总会 | 福州路209号 | 1925年 | 新仁记营造厂 |
| 宏恩医院 | 延安西路221号 | 1926年 | 创新营造厂、潘荣记营造厂 |
| 闸北电厂 | 军工路4000号 | 1930年 | 洽兴营造厂 |
| 刘吉生住宅 | 巨鹿路675号 | 1931年 | 馥记营造厂 |
| 南洋公学工程馆 | 华山路1954号 今交通大学工程馆 | 1931年 | 馥记营造厂 |
| 广学会大楼 | 虎丘路128号 | 1932年 | 洽兴营造厂 |
| 浸信会大楼 | 圆明园路209号 今真光大楼 | 1932年 | 洽兴营造厂 |
| 国际饭店 | 南京西路170号 | 1934年 | 馥记营造厂 |
| 上海啤酒公司 | 宜昌路130号 今苏州河梦清园 | 1934年 | 利源和营造厂 |
| 中西女塾景莲堂 | 江苏路155号 今市三女中五四大楼 | 1935年 | 聚丰营造厂 |
| 达华公寓 | 延安西路918-928号 今达华宾馆 | 1937年 | 洽兴营造厂 |
| 吴同文住宅 | 铜仁路333号 | 1938年 | 洽兴营造厂 |

#### 公和洋行 后更名"巴马丹拿"

| | | | |
|---|---|---|---|
| 有利银行 | 中山东一路4号 | 1916年 | 裕昌泰营造厂 |
| 扬子保险公司 | 中山东一路26号 今桂林大楼 | 1920年 | 周瑞记营造厂 |
| 江海关三期 | 中山东一路13号 今海关大楼 | 1927年 | 新金记营造厂、陈林记营造厂 |
| 沙逊大厦 | 中山东一路20号 今和平饭店 | 1928年 | 新仁记营造厂 |
| 工部局大楼 | 汉口路193号 | 1922年 | 裕昌泰营造厂 |
| 永安公司 | 南京东路620-635号 | 1918年 | 裕昌泰营造厂、魏清记营造厂 |
| 汉弥尔顿大楼 | 福州路107号 今福州大楼 | 1933年 | 新仁记营造厂 |
| 河滨大厦 | 北苏州河340号 | 1935年 | 新申记营造厂 |
| 中国银行（与中国建筑师合作） | 中山东一路23号 | 1937年 | 陶桂记营造厂 |
| 建设大楼 | 江西中路181号 | 1934年 | 陶桂记营造厂 |
| 百老汇大厦 | 北苏州路20号 今上海大厦 | 1934年 | 新仁记营造厂 |

#### 通和洋行

| | | | |
|---|---|---|---|
| 东方汇理银行 | 中山东一路29号 今光大银行 | 1911年 | 协盛营造厂 |

#### 马海洋行

| | | | |
|---|---|---|---|
| 怡和洋行 | 中山东一路27号 今外贸大楼 | 1920年 | 裕昌泰营造厂 |

#### 思金生设计事务所

| | | | |
|---|---|---|---|
| 邮政大楼 | 北苏州路276号 | 1924年 | 余洪记营造厂 |

## 中国设计师

### 周惠南打样间

| | | | |
|---|---|---|---|
| 大世界游乐场 | 西藏南路1号 | 1924年 | 森茂营造厂 |

### 庄俊建筑师事务所

| | | | |
|---|---|---|---|
| 金城银行 | 江西中路200号 | 1926年 | 申泰兴记营造厂、友联建筑公司 |
| 大陆商场 | 南京东路353号 | 1933年 | 公记营造厂、诸伦记营造厂 |

### 华盖建筑师事务所

合伙人 赵深、陈植、童寯

| | | | | |
|---|---|---|---|---|
| 浙江第一银行 | 汉口路151号 | 今华东设计院 | 1948年 | 国华建筑公司 |
| 上海北火车站 | 天目东路 | 今上海铁路局 | 1909-1933年 | 中南建筑公司、成泰营造厂、新丰卫生工程行 |
| 恒利银行 | 河南中路495号 | 今永利大楼 | 1933年 | 仁昌营造厂 |
| 八仙桥青年会（与范文照、李沛锦合作） | 西藏南路123号 | 今青年会宾馆 | 1931年 | 江裕记营造厂 |

### 董大酉建筑师事务所

| | | | | |
|---|---|---|---|---|
| "大上海市中心"旧市政府 | 清环源路650号 | 今上海体育学院内 | 1933年 | 朱森记营造厂 |
| 上海市立博物馆 | 长海路174号 | 今长海医院内 | 1935年 | 张裕泰营造厂 |
| 上海市立图书馆 | 黑山路181号 | 今同济中学内 | 1935年 | 张裕泰营造厂 |
| 江湾体育场 | 国和路240号 | | 1935年 | 成泰营造厂 |
| 江湾体育馆 | 国和路346号 | | 1935年 | 成泰营造厂 |

### 杨锡缪建筑师事务所

| | | | |
|---|---|---|---|
| 百乐门舞厅 | 愚园路218号 | 1931年 | 陆根记营造厂 |

### 基泰建筑师事务所

| | | | | |
|---|---|---|---|---|
| 大新公司 | 南京东路330号 | 今市百一店 | 1936年 | 馥记营造厂 |

（注：年代为竣工年代，营造厂为主体工程承包商）

# 第2章
## 南征北战的创业征程

PIONEERING JOURNEY
THROUGHOUT THE COUNTRY

　　从1949年5月上海解放到1978年改革开放前的23年，是上海建筑业的创业年代。作为城市建设的主力军，上海建工这支队伍以卓越的能力、顽强的意志、不屈的精神承担起组建国营建筑队伍、奠定城市建设基业、振兴上海工业的重任，承担起支援全国重点工程、转战三线建设、救助地震灾区的重任。28年的风雨同舟、艰苦卓绝，创新施工工艺、提升队伍素质。据统计，从1953年到1993年，上海市建工局完成了近300亿元的建筑安装工作量，竣工面积近1亿平方米，相当于两个旧上海的建筑面积。上海建工的创业者谱写了一曲新中国城市与工业建设的壮丽凯歌，为上海建工和上海建筑业的长远发展，打下了坚实的基础。

# 组建国营队伍

1949年5月,上海解放,百废待兴。当年11月,华东军政委员会和上海市人民政府组建了全市第一家国营建筑公司——华东建筑工程公司。公司有员工700余人,施工范围遍布上海及华东各省。1952年6月,以华东建筑工程公司和上海市营建筑工程公司、空军上海大建公司、上海市财政经济委员会建筑工业处等6家单位为主体,组成华东军政委员会建筑工业部,即华东建筑工程总局。同年下半年,中国人民解放军华东军区99师、106师转为建筑工程兵第5、第6师,整建制编入华东建筑工程总局。

54

55

**54**

根据《当代中国的建筑业》(中国社会科学出版社1988年2月版)记载:1952年4月,毛泽东主席和周恩来总理签署命令,原属西北、西南、华东、中南4个军区和23兵团的8个师集体转业为建筑工程师,分别加入地方建筑行列。其中,原属华东军区的建筑5师、6师加入华东建筑工程总局。

58

56

57

**55 / 56 / 57**

部队官兵刚到国营建筑队伍时,作为"建筑工程兵"身份,还是穿着军装、戴着军人帽徽和胸章。

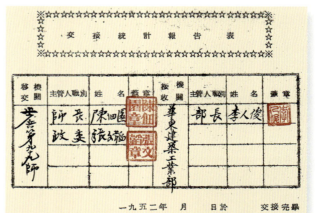

59

**58 / 59**

建筑第5师、6师与华东建筑工程总局的交接报告和人员统计表。转业到地方后,部队领导多数担任了国营建筑企业的领导。

1953年，根据上海市人民政府的决定，经中央人民政府政务院批准，在华东建筑工程局第三工程处基础上，吸收500多家私营营造厂，组建了上海市建筑工程局，并逐步形成设计、施工、设备安装、材料和机具供应完整的建筑业组织体系。

60／61

1953年年初，国家开始实行第一个五年计划。华东建筑队伍大部分离开上海到外地。支援国家重点工程。上海市人民政府组建成立了上海市建工局，陈毅市长与副市长潘汉年、方毅、盛丕华等共同签署了局长任命书和印章启用通知书。

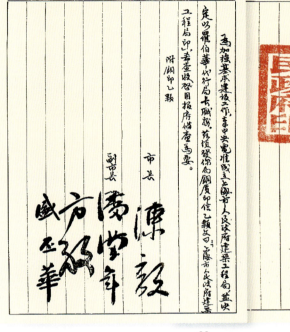

60

61

63

62

上海市建筑工程局成立时的办公地－福州大楼　福州路107号，原汉弥尔顿大楼，（1953年—1958年）。

63

华东建筑工程总局成立时，办公地址设在南京东路23号（汇丰饭店，今和平饭店南楼）。1958年两局合并后，上海市建筑工程局在此办公（1958年—1964年）。

62

新中国成立初期，全市有私营营造厂2000多家。上海市人民政府在组建国营建筑队伍的同时对私营营造厂开展改造、重组。上海市建工局作为市政府的委派部门承担了这项任务。从1953年开始到1958年，分别采取成立联合厂、吸收进国营、公私合营、改为国营等方法平稳过渡完成了任务。营造厂的工人成为国营建筑企业职工，技术管理人员也成为领导和骨干。

64

中共党史出版社1993年3月出版《中国资本主义工商业的社会主义改造》（上海卷）。书中全文收录上海市人民政府转发的上海市建工局制定的《上海市管理私营营造业暂行办法》和上海市建工局党委组织处写的调查报告《上海私营营造业的社会主义改造》。

65

1956年1月20日，上海市人民委员会召开了全市工商业实行公私合营大会，当场批准工商企业呈递的公私合营申请书。之前，1月12日，建工局在天蟾舞台召开私营营造业代表大会，营造业主及家属2000多人参加，会上，建工局领导作了动员报告，大会发出公私合营的倡议书。

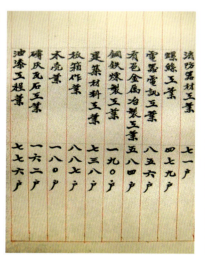

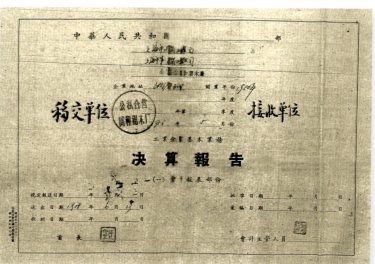

66

公私合营期间，营造业申请书，统计登记书，营造厂与建工局的移交、接收报告。

67

**67**

华东建筑工程总局成立期间，有土建公司4家，专业公司、工厂和设计单位10多家，人员最多时达到5万余人。华东建筑队伍转战到全国后大部分编入建筑工程部直属公司和地方的省市直属公司。

**68**

1959年10月，新中国成立10周年之际，中央在北京召开"全国社会主义建设先进集体代表、先进生产（工作）者代表大会"，又称"群英会"。大会在刚建成的人民大会堂举行，上海市建工局有30多名代表参加。

**69／70**

1958年3月，经建筑工程部和上海市政府批准，华东建筑工程总局和上海市建工局合并，成立了新的上海市建筑工程局。合并初期全局有员工3.1万人，所属的土建公司、专业公司、工厂以及教育医疗单位共17个。

68

69　　　　　　　　　　70

1964年,为进一步实现专业化分工、机械化施工、工厂化生产,上海市建工局系统将原体制调整为8个建筑公司、10家配套的专业施工公司、构配件生产和材料供应单位,以及研究所、学校、医院,全局员工近10万人。

上海市建工局成立初期,和华东建筑工程总局一起先后参加"二万户工房"住宅和曹杨新村、沪东造船厂、中华造船厂等项目建设,参建了中苏友好大厦(今上海展览中心)等建设。

71

**71**

曹杨新村,是上海、也是全国第一个集中成片、综合配套建设的工人新村。一期工程1951年开工,1952年8月竣工,建筑面积11万平方米,首批入住劳动模范1002名,后经多次扩建。华东建筑工程总局和上海市建工局先后参加建设。

72

**72**

"二万户工房",是指解放后专门为普通工人建造的住宅。分布在全市10多个地区。1952年8月开工,1953年9月完工。总建筑面积55万平方米,平均每户27.6平方米,可供2万多户家庭居住。1985年后,"二万户工房"分批进行了改建、拆建。

**74**

中苏友好大厦(今上海展览中心),位于延安中路1000号。1954年5月开工,1955年3月竣工。建筑面积5.89万平方米,由上海市建工局和华东建筑工程总局组成的现场公司组织施工。工程由苏联专家主持设计,上海、华东两局的设计师参与。工程施工采用了较先进的高层成套移动脚手、箱形基础施工等技术,中心大楼顶部镏金塔高度达11.4米,为当时上海最高的建筑。

73 74

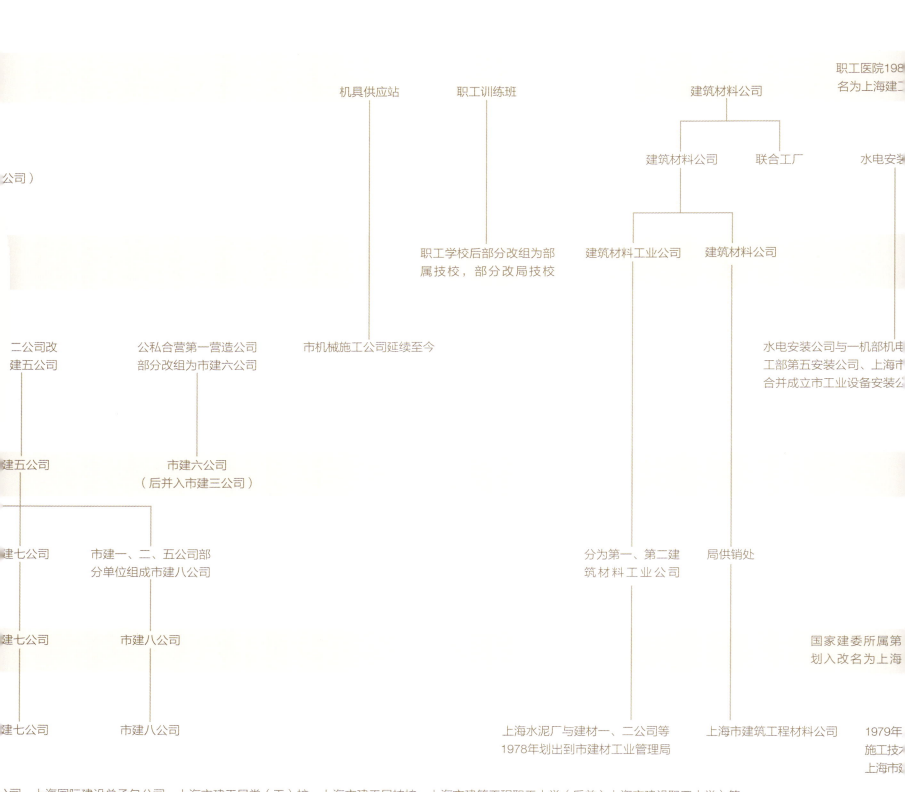

# 上海市建筑工程局（1953年—1988年）主要单位演变简表

劳动力调配所
（职能完成后撤销）

私营营造业处
（职能完成后撤销）

局设计室改为设计公司

改为民用设计院后划出

1964年，上海市人民委员会给企业领导的任命书。

公司、建工程公司延续至今

上海和华东两局科研机构合并成建筑施工研究所

原属建工部、华东局的上海水泥厂（后划到市建材局）联合工厂（后划到各单位）、上海建筑机械厂（后并入华钢厂）并入

改名建筑施工材料科学研究所

华东钢铁建筑厂四车间划出成立上海钢窗厂

各土建公司混凝土厂、构件厂合并成立上海市混凝土制品公司

华钢厂和各单位所属木料加工厂、机修厂、铁工厂等合并成立上海市门窗加工公司

出工程公司
出工程公司

1960年成立的局技校办"七二一"工大班

建工部所属安装技校（安装机械厂）划入，后划出到市轻工局改为自行车三厂

国家建委所属华东工业设计院、华东勘察分院划入，分别改名为上海市工业建筑设计院、上海勘察院，1977年划出。

海市建筑所（后改为计研究院）

改名为建筑科学研究所后划出到市建委

上海市建筑工程学校

属门窗公司的木材加工一、二厂合并成立上海建筑木材厂

成立建筑构配件公司，后撤消成立第一、二混凝土制品总厂

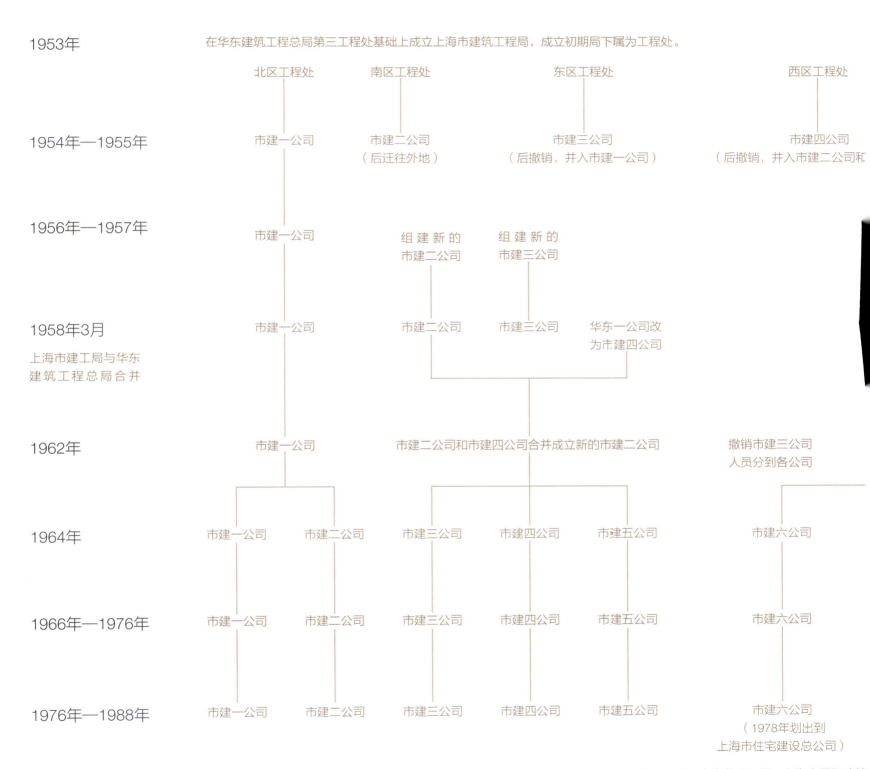

# 支援重点建设

1953年开始,第一和第二个五年计划期间,国家集中人、财、物确保156项重点工程建设。华东建筑工程总局和上海市建工局先后有多个公司整建制奉调赴外地,参加了长春第一汽车制造厂、富拉尔基第一重型机械厂、洛阳第一拖拉机厂、洛阳矿山机械厂、洛阳轴承厂、山西国家重点项目和西安军工厂及发电厂等工程建设。20世纪50年代初到60年代初,近10年间,上海共有4万余建筑职工支援外地工程建设。

75

76

**75**

长春第一汽车制造厂,位于吉林省长春市,是新中国成立后第一个大型的现代化工业项目。一期工程1953年开工,总投资5.6亿元,厂房建筑面积41.1万平方米,生活用房建筑面积39万平方米,厂区内还铺设了30多公里长的铁路和8万米长的管道。工程于1956年竣工投产,具有年产3万辆汽车的生产能力,当年生产出第一辆解放牌汽车。建筑工程部成立了2万人的直属公司投入建设,其中的许多工程技术人员和建筑工人来自上海。

**76 / 77**

富拉尔基第一重型机械厂,位于黑龙江省齐齐哈尔市,是当时亚洲最大的机器制造厂。厂区面积6.8平方公里,厂房建筑面积40万平方米。一期工程1954年开工,1958年竣工投产,制造出1.25万吨水压机。由于生产车间设备要求安放在地下20米,来自上海的建筑工人制作了一座底部面积800平方米、高30米的沉箱基础,成功下沉到地下26米处。

78

79

80

**78**
山西榆次经纬纺织机械厂，1951年开工，1954年竣工。工厂占地面积275万平方米，为新中国最大的纺织机械制造基地，为建国初期发展国产纺织品提供了保证。

**79**
太原磷肥厂，太原"十大国家重点工程"之一。投资2.2亿元，1962年竣工投产。

**80**
太原重型机械厂，太原"十大国家重点工程"之一。1950年开始筹建，1955年竣工投产。该项目主要由我国自行设计施工，生产出我国第一台桥式起重机。

新兴工业基地——"洛阳三厂"：河南洛阳第一拖拉机厂、洛阳矿山机械厂、洛阳轴承厂。三个厂先后于"一五"期间开工，"二五"期间完工。上海市建工局派出队伍参加建设，在施工中创造的业绩传遍中原大地，建成后部分队伍回到上海。

81

**81 / 82**

洛阳第一拖拉机厂，厂址由毛泽东主席亲自选定。该厂于1954年开工，1959年竣工投产，生产能力达到年产1.5万台，当年生产出我国第一台"东方红"牌拖拉机。厂房施工中，发动机车间主体结构38天完工，当地和上海的报纸都作了报道。拖拉机厂施工前，还进行了大规模的地下考古挖掘，共发掘古墓1568座。

82

83

84

**83**

"洛阳三厂"施工过程中，中共洛阳市委领导代表全市人民向参加建设的上海施工队伍赠送锦旗。

**85**

洛阳矿山机械厂，1954年开工，1958年竣工投产。

**84**

1956年洛阳第一拖拉机制造厂发动机车间主体结构38天建成

**86 / 87**

洛阳轴承厂，1955年5月开工，1958年竣工投产。总投资1亿，厂房建筑面积16.7万平方米。投产后的第二年即达到生产1100万套轴承的能力，年生产量占到全国的四分之一。

85

86

87

## 奠基上海工业

从1958年至1960年前后，中央明确上海要把推进基础工业作为城市经济发展的基本方向，一大批冶金、化学、机电以及新兴国防工业项目相继批准上马。以工业新区、卫星城为主的建设规划很快付诸实施，上海市建工局负责承建、改建、扩建的全市钢铁项目有上钢一厂、二厂、三厂、五厂、十厂、矽钢片厂、铁合金厂等20多个；化工基地有吴泾、吴淞、高桥、桃浦等；还承建了闵行、彭浦等处的机电制造和工程机械制造基地，安亭的汽车制造基地，以及与工业建设配套的闵行、吴泾、嘉定、安亭、松江等的卫星城区。在这些工业和民用建设项目中，1.2万平方米的上钢五厂电炉车间3个月全部完工；吴泾2.5万千瓦热电站5个月即告竣工；上海重型机器厂万吨水压机车间当年开工、当年建成。此外，建成的"闵行一条街"和嘉定"科学城"成为全国知名的新城区建设典范。

88／89

上海重型机械厂是由多家机械厂合并组成的，1958年在闵行建新厂。厂区内的万吨水压机车间是当时全国最大的车间，高50米，主跨30米，柱子间距12米，吊车梁承重达320吨。车间完工后，上海重型机械厂和江南造船厂在车间内联合制作组装了万吨水压机。同期，上海市建工局还完成了上海锅炉厂、上海汽轮机厂厂房的建设任务，闵行工业区初具规模。

90

91

1958年，位于吴泾地区的上海氮肥厂开工建设，当年8月，改名吴泾化工厂，1963年建成。该厂是当时我国最大的化肥厂。上海市建工局所属的土建、设备安装企业长驻工地，连续奋战，高质量地完成了各类厂房和各项装置施工任务。其中，80米高、建在地面设施上的"悬空烟囱"再次创造了"上海之最"。

**92**

**93**

嘉定"科学城",是当时上海的新兴卫星城,被誉为"中国轿车生产基地",还集中了国家诸多科研院所,包括原子能、计算机、电子学、力学、硅酸盐、冶金、有机材料等多个研究所,以及上海科技大学。

**93**

上海科学技术大学校园(创建于1958年,1960年在嘉定建立新校址,后并入上海大学)。

**94**

1954年上海新闻报刊刊登的城市建设示意图

**95 / 96**

1958年1月,原属冶金部领导的上海钢铁公司下放到上海,成立了冶金局,掀起了钢铁工业的建设热潮。1958年—1960年,上海冶金系统完成基本建设投资4.18亿元,新建、扩建工程50多个。上钢一厂炼铁高炉车间、无缝钢管车间和上钢三厂二转炉车间、钢丝绳车间等大型厂房短短几个月建成。上海市建工局投入上万名员工参加建设,当时还有上万名解放军指战员参建。计划中的钢铁厂建成后,上海的钢铁工业生产规模迅速提高,仅次于鞍山钢铁厂,名列全国第二。

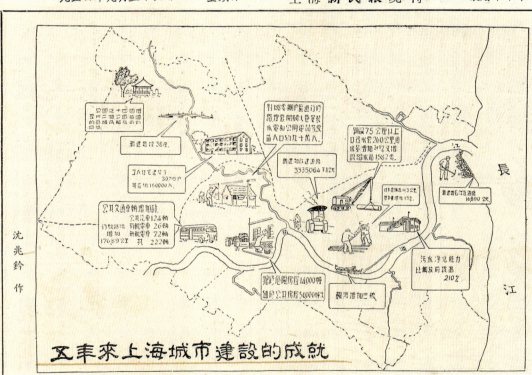

闵行一条街，又名"闵行一号路"，全长500多米，由13个单体建筑组成，总计建筑面积14万平方米。是新中国成立后全国第一个实行成街、成坊，商业、服务、居住一体化规划建设的居民区项目。1959年开工，6个月完工。两期工程质量均达到较高水平，30年后，1988年，该工程参加上海市住宅小区评比被评为金奖。

闵行一条街，由上海民用设计院设计，上海市建工局承建。建筑工程部将其命名为"先成街，后成坊"的成功经验在全国推广。

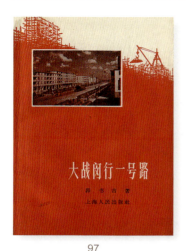

97

98

99 / 100 / 101

图99为"土法上马"的住宅施工现场
图100为道路施工现场
图101为建成后的"闵行一条街"

99

100

101

金山石化总厂和宝山钢铁总厂"两大会战"。20世纪70年代，上海市建工局参建上海金山石化和宝钢两大工程，最多时投入2万多人，在会战中作出了重要的贡献。由于这两个工程都是引进国外先进技术和设备，上海市建工局学习国外先进施工技术，特别是在现场管理、新型机械设备应用、商品混凝土生产施工技术、大型钢筋混凝土构件生产制作、大型工业设备安装等方面有了可贵的收获。

1972年，国家决定在上海金山建设大型石油化工生产基地，上海有20多个局参加分工包建。上海市建工局所属土建、设备安装、机械吊装企业成为其中的主要力量。他们在杭州湾畔安营扎寨，打下了第一根桩，建起了第一批厂房、立起了第一根超高烟囱、起吊了第一套生产装置。上海市领导还抽调了建工局领导担任建厂指挥部领导。

102

1974年1月1日，金山石化电厂打下第一根桩。

103

1974年7月，化工一厂常压塔、初馏塔吊装。

104

金山石化总厂建设初期，指挥部编写的工地战报报道了建筑工人的事迹。

105

1980年，金山石化总厂二期工程举行开工仪式，国务院有关部门、上海市领导、建工局领导应邀出席。

106

1981年5月，设备安装、机械施工的队伍在进行77米长的大件设备安装。

105

106

1977年，国家决定在上海宝山地区建设大型钢铁工业基地。上海组成了有建工局参加的筹建指挥部。1978年初，建工局成立分指挥部，施工队伍开进工地，承担的施工任务主要有：厂区外，宝钢职工友谊路住宅，建筑面积85万平方米；月浦地区动迁住宅，建筑面积13万平方米；宝钢内宾和外宾招待所。厂区内，宝钢主厂房中的炼钢车间、冷轧车间、中央机修车间、生产指挥楼等。

宝钢建设过程中，上海市建工局在基础施工领域，实施了适合软土地基的各类新工艺，包括压桩、钢管长桩、钻打结合、沉箱、地下连续墙、顶管、水底电缆管道敷设等。在设备安装方面，实施了2000立方米大体积及球罐焊接安装、大型电机和较大型电子计算机安装调试等施工技术。在建筑构配件生产中，建成和改造了钢筋、混凝土构件、钢木门窗等联动生产线和自动生产线，并使混凝土构件的钢筋预应力、抽芯、蒸汽养护、钢模等技术得到全面推广，立、平、成组立模和远红外养护等工艺技术开始采用，并形成了年产混凝土构件30万立方米、钢窗100万平方米的能力。

107

参加宝钢建设的建筑工人、技术人员和建工局领导在工地上的合影。

108

宝钢炼钢厂主车间，跨度27米，柱间距离20—28米，高度70米。施工中近7000立方米的转炉基础浇筑，集中了10多台搅拌车，连续28个小时不停，浇筑成功。这在国内是首次。

109

备品备件仓库正在进行吊装

110

炼钢厂钢结构吊装施工

111

上海天然气工程2000立方米低温储罐罐顶吹升成功

112

在建的宝钢友谊路生活区住宅群

113

宝钢总厂宝山宾馆

## 开展技术革新

解放初，上海地区新开工的建筑大部分为砖木结构，施工手段比较落后。1958年，上海的建筑类型由民用为主转为工业为主，由一般轻型工业建筑为主转为重型工业建筑为主，混合结构、钢筋混凝土结构被大量采用。为此，企业职工大搞技术革新，在全国同行中率先提出"放下扁担、消灭肩挑人抬"的口号，全面推广使用手推车等半机械化改良工具，并试制了蟹斗挖土机、井架起重设备、混凝土搅拌机后台上料、砂浆组装车等一批中小型施工机具，添置了自制的25吨大型起重机，使施工作业从手工为主向半机械化、机械化迈出了一大步。

人工操作也由初期时推广的砌墙、"一条龙"流水线作业，很快推广到结构吊装、粉刷、油漆施工、土方运输、混凝土搅拌、钢筋加工、木模制作、木材加工、通风管道制作等"十条龙"流水作业。这一时期，还首次使用粉煤灰硅酸盐砌块等新型墙体材料，试验建造装配式大板住宅；尝试使用机械化喷涂粉刷、重型构件双机吊装。同时，还整合了与土建配套的建筑构件、木门窗、材料采购供应等相对独立的专业生产体系，使整体的施工能力向专业化分工联动协作转变。

在创业年代，上海建工人适应建筑结构的不断变化，适应建筑技术不断进步的潮流，开展群众性技术革新、系统化的工艺改造和设备更新；积极采用新材料、新结构、新技术，使企业的施工生产能力有了较大的提高。期间，涌现了一大批先进劳模。

114

115

116

**114**

滕生楼，在20世纪五六十年代技术革新高潮中，是上海市建工局直属工地泥工组长，带头采用了砌筑清水墙砌的"双手挤浆法"推广到全工区，使生产效率提高20%。滕生楼施工作业还十分注意质量，在泥工小组自定高于行业的操作规范。1957年在2041工地上，他带领职工4天用人工砌成一层楼，超过当时工效的120%。滕生楼多次获得上海市和全国劳模先进称号。

**115**

混凝土搅拌机底部装上轮子，再用上自制的与之配套的小推车，成为一个小型的"流动搅拌站"，大大加快了运输速度。

**116**

几根木杆架起一个起重设备，上部还有横架，靠地面操作，能够起吊近2吨重的构件，还可以在空中旋转就位。

117

118

### 117

杨成喜，1958年，上钢五厂工地掀起建设高潮，他担任土建公司的加工厂车间主任，为了缩短工期，他吃住在工地上。有一天，工地开始浇筑混凝土，可是不巧，原有的吊运设备不够用，要重新安装，工地仓库里缺少零件，如果按正常手续采购，就要耽误几天工期。杨成喜决定到另一处工地借零件，这个工地在闵行，距离吴淞的上钢五厂有几十公里路，可一时没有运输汽车，天又开始下雨，杨成喜二话没说穿上雨衣，坐公交车赶到闵行，把零件装上两轮人力"劳动车"连夜步行拉着往回赶。整整一夜，拉着劳动车回到吴淞工地，确保了钢厂施工。当年的上海《新闻报》以"风雨夜归人"为标题报道了这一事迹。杨成喜后来连续多年被评为上海市先进个人和劳模。

### 118

利用工业厂房中的行车运行原理，自制成门式起重设备，再铺上轨道，可以移动起吊。

### 121

混凝土施工实现了材料进场、搅拌、出料、运送、浇筑等工序"一条龙"作业，其中大部分工序使用自创的机械工具。

119

120

121

122

123

## 122

建筑材料、构件运输吊装，传统办法多是人抬肩扛，体力消耗大，还有危险性。工人们利用井架提升设备，加上"独脚把杆"制成起重设施，可以起吊几吨重的混凝土构件。

## 124

工地上的"自动抓斗机"，自动抓取、筛选砂子。

124

## 125

沈国桢，20世纪五十年代青年突击队长，全国、上海市先进生产者获得者。沈国桢工作中聪明好学，勇于革新，在技术革新高潮中，大胆试验，个人发明、革新施工工具6件，带领突击队发明创造了5件。其中有：专用刮柴泥的抹灰器，专用淌白灰的木铁板，专用粉刷楼梯的工具，专用粉刷墙角的工具等。这些工具应用到施工中创造了全公司的最高工效。

## 126

室内粉刷，传统办法是手工操作，"大跃进"期间，工人们发明了粉墙机，起名"先锋号"，工效成倍地提高了。

126

**127**

金阿六，20世纪50年代青年突击队长。连续三年获上海市劳模称号，建筑工程部劳模、全国先进个人称号获得者。他带领突击队在工地上苦干加巧干，运用革新的工具刷新了一个又一个施工作业的新纪录。砌山墙超定额100%，立门窗榉子超定额140%。突击队人均日工作量超定额30%，最高达到超54%。作业中他还十分注意节约材料，把断砖头、落地灰合理利用起来，成为节约标兵。

**128 / 129 / 130 / 131 / 132**

土方施工，人工耗费量大，工期长。在1958年的技术革新浪潮中，上海市建工局的一位27岁的木工制作了"蟹斗挖土机"，被广泛应用。1960年上钢五厂车间施工，需要在短期内取土3.6万立方米，工人们用"蟹斗挖土机"施工，工期缩短一半。1962年，这项发明通过了国家科学技术委员会委托上海市科委作的技术鉴定。

127

128

129

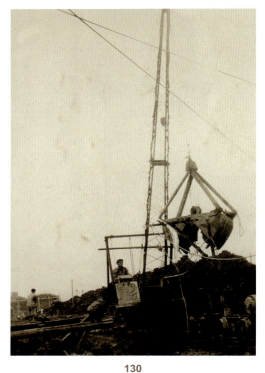

130

131　　132

133

## 134

马长根，工人出身的"土专家"。20世纪50年代，建工局工地上大型起重设备很少，吊装多数靠"土设备"。在上钢一厂车间施工中，他利用打桩机和人字把杆改装成起重机，把原来起重10吨的设备提高到40吨，这种办法在全局得到推广。1956年，在天原化工厂工地上，遇到临时停电，为了不停工，他创造了利用桩架人工起吊的起重工艺，保证了工期。马长根曾被选为区人民代表，三次获建筑工程部、全国劳模称号，两次获上海市劳模、先进称号。

## 135

建造大型钢铁厂房现场，施工人员在打桩机的桩架上安装吊臂，起吊大型构件。打桩机可以移动，可几台组合，解决了大型部件的吊装难题。

134

135

136

大跨度的厂房车间屋架吊装,工人和技术人员在行车梁上架起移动式桥式脚手,工人们可以在高空安全拼装。

137

采用简便可横向滑行的挂立式脚手,安装炼钢厂主厂房的墙面板。

138

建筑的主要部件在工厂制作,到现场拼装,进行装配式施工工艺的试验。

## 革新工艺体系

进入20世纪70年代,上海所支援的外地建设和本地大批开工的施工项目,开始呈现出"高、大、深、重"的特点。工程投资量和体量增大、基础开挖深,加之结构复杂、设备精密,施工难度增加。上海市建工局引进和自制了25—120吨的各类塔式起重机、几十吨到上百吨的汽车和履带式重型起重机、混凝土搅拌和输送等成套设备,迅速地提升了现代化施工作业的能力。在房屋施工中,攻克了多项超大型、重型结构的制作吊装难题,形成了装配式单层和多层工业厂房、硅酸盐中型砌块住宅、全大模内浇外砌和内浇外挂等建筑体系,推广使用了滑模、升板、全现浇、全装配现浇、现浇柱预制梁板等施工工艺。

### 139 / 140

1970年,上海文化广场整体修复,室内取消柱子,首次采用大型金属网架屋面施工。网架重270吨,扇形,整体提升,空中移位安装。

### 141 / 142

上海电视塔,位于南京西路、青海路,1973年竣工。电视塔总高度210.5米,塔架高150米。施工人员采用地面拼装、整体起板的方法,上部53米天线的安装利用塔架中心的电梯提升到位。该工艺获全国科技大会奖。

139

140

141

142

143

144

### 143 / 144 / 145

上海体育馆，位于漕溪北路、中山西路，1975年竣工。体育馆总建筑面积4.78万平方米，屋面结构为圆形钢架结构，直径124.6米，重600吨，要安装在36根钢筋混凝土立柱上。施工中采用了地面拼接，然后用多部"独脚把杆"和卷扬机整体起吊到空中，再整体移位到柱子上。该项技术获全国科技大会奖。图144为整体提升的场景，图145为整体提升提供动力的卷扬机。

145

146

### 146 / 147 / 148

上海游泳馆，位于漕溪北路1111号，1983年竣工。建筑面积1.6万平方米。屋面采用钢管网架结构，重561吨，面积7600平方米。施工中采用多部"独脚把杆"和卷扬机整体起吊到空中，再整体移位到20米高的柱子上。

147

148

149

150

151

152

149／150／151／152

1970年前后，在塔式起重机上安装桅杆式吊臂，制成塔桅式起重机，提高了起重机的应用范围和提升吨位。运用塔桅起重设备起吊上海船厂车间20—40吨重的混凝土柱子，起吊上钢一厂车间等工程的混凝土屋架。

1978年后，伴随国家的改革开放步伐，上海城市建设进入一个新的阶段。住宅、高层建筑、大型公共建筑不断增多，大型、多样的钢筋混凝土、钢结构建筑增多，铝合金门窗、玻璃幕墙、高级民用建筑设备以及新型高级建筑装饰材料被广泛应用。上海市建工局自制、装备了新的施工工艺所需要的自升、内爬式塔吊和人货两用电梯等设备，创新了针对不同结构的大模、台模、爬模等施工技术，实施了系统化的混凝土集中搅拌、运输、泵送等施工技术。

153

154

155

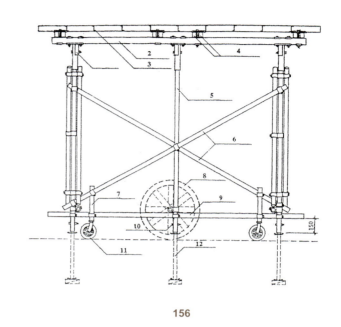

156

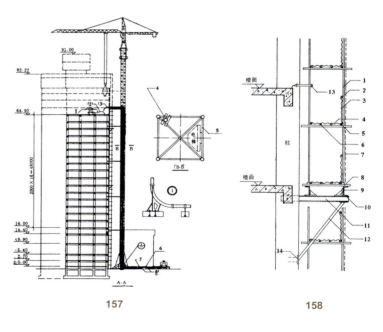

157　　158

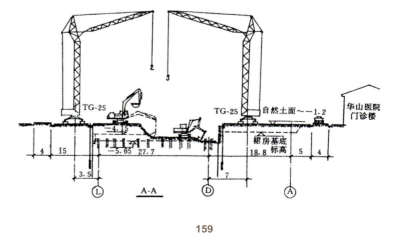

159

160

161

### 153

陆家宅高层项目（即中山北路2701弄1-6号住宅工程），位于中山北路武宁路口，是上海市第一批兴建的高层住宅群，共六幢，十四层，总建筑面积33552平方米。灶间、卫生间均为一户独用，每户住宅平均标准建筑面积为58平方米左右。于1975年开工，1978年全部建成使用，由市民用设计院设计。采用"一模三板"工艺，即大模现浇混凝土墙，预制大型外墙挂板、内墙隔板和大块楼板。

### 154

漕溪北路高层建筑住宅，位于漕溪北路裕德路。又名徐汇新村。由6幢13层和3幢16层高层组成，建筑面积7.5万平方米，1977年竣工。大楼主体结构采用墙体滑模、楼板降模工艺。墙体结构一次滑升到屋面，然后由上到下浇筑楼板。

### 155

上海宾馆，位于乌鲁木齐北路、华山路，1982年年底竣工。建筑面积4.2万平方米，主楼26层，高度91.5米，打破称雄上海48年的国际饭店的高度纪录。施工中采用了多项新工艺，有定型组合钢模、台模、泵送混凝土、分段附着式悬挑脚手等。图156、157、158、159为施工工艺图示。

### 160

上海火车站，又称"新客站"，站厅面积3.3万平方米，位于天目西路、恒丰路相交的三角地带，是20世纪80年代全国最大的客运火车站。由主站房、站场和商业市政设施组成。车站主站房（即客运大楼）高24米，包括行李房、售票房，东西长276米，南北宽277.6米，建筑面积5.25万平方米。主体结构按7度抗震烈度设计，跨越7座站台。工程主体采用钢筋混凝土部分预应力框架结构，大跨度梁板钢屋架；站场部分包括7座站台、联系地道、人行立交桥等，建筑面积4.32万平方米，南北两个广场计5.6万平方米，共拥有8个普通候车大厅，1个软席候车大厅，同时有专门开往香港九龙的出入境通道和边防检查和海关。1984年9月开工，1987年1月竣工。

### 161

永新彩色显像管厂，位于上海朱行朱梅路。1988年上海一号重点工程。1989年2月竣工。该厂建筑面积7.6万平方米，59项单体建筑。施工中打入18米长的方桩2400多根，起吊安装21米跨度的钢屋架135榀，轻钢龙骨吊顶3.6万平方米。厂内60米高的烟囱和54米高的水塔采用了弧形滑模工艺。

### 162

上海商城，位于南京西路铜仁路。是上海较早实行的中外合作承包施工的工程。建筑面积18.5万平方米，主楼高164.8米。美国波特曼设计事务所、华东建筑设计院设计。施工中采用了自升式爬模、悬挑式脚手等工艺和标准化现场管理等新的技术和管理方法。1988年1月15日开工，1990年4月23日竣工。

### 163

华亭宾馆，位于漕溪北路、中山西路。20世纪80年代，上海体量最大的高层建筑，建筑面积8.3万平方米。工程的主体建筑呈弧形，剪力墙结构施工中采用了定型模板、泵送混凝土。观光电梯筒结构施工采用了筒子模加液压爬模工艺。由于参建的分包队伍达30多家，在施工组织过程中采取了网络计划进行综合协调。1983年8月1日开工，1986年6月30日交付使用。该工程获中国建筑工程首届"鲁班奖"。

162

163

# 奔赴三线建设

1964年，中央决定进行集中的国防工程和后方工业基地建设，通称为"大、小三线"建设。"大三线"指国家统一规划的项目，"小三线"指各省市自行安排的项目。上海市建工局派出精兵强将奔赴三线建设的第一线，其中"大三线"涉及贵州、四川、云南等地，"小三线"包括江西、安徽等地。建设项目中有国家投资的军工、钢铁等工业工程，以及配套的电厂、学校、医院等公共工程，还有上海所属的后方能源和工业原料基地。项目所在工地大多分散于偏僻的山区，有的还处在深山密林的山洞内外，条件十分艰苦。

164

164
八五钢厂，坐落在安徽贵池的八五钢厂，曾是一家有5000多名职工的小三线大厂。1972年投产。

165
上海市建工局支援三线建设示意图

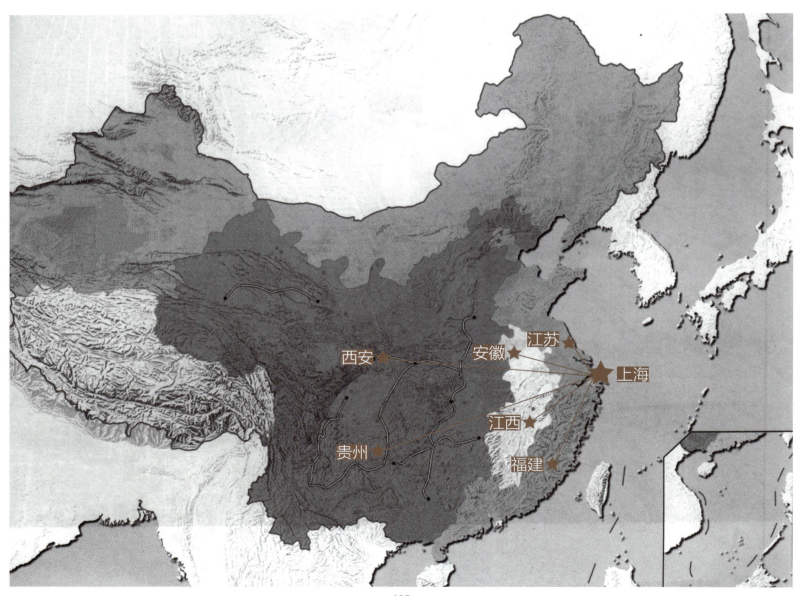

安徽"小三线工程"。1964年开始,由上海工业、物资、建材、交通运输、卫生、电力等系统负责包干建设。厂区和生活设施地址多数选在皖南山区。上海市建工局负责其中的大部分建筑施工。经过一年多的施工,一批厂房、职工宿舍、医疗机构等按期竣工。

166

167

168

166

当年建设者在即将开工的工程前合影

167

前进机械厂是当年的军工厂

168

胜利机械厂是当年的军工厂

169

170

169

长江医院,因为靠近长江而得名,是专为小三线工厂职工医疗服务而建。

171

171

八五钢厂当年的一座宿舍楼,砖木结构的2层楼,外墙上用石灰刷的标语依稀可见,让人们感受到时代的烙印。

1969年，上海市在江苏南京地区建设上海梅山炼铁厂，又名"9424工程"，上海市建工局抽调两家建筑公司和相关的专业公司共1万余职工参加会战，历时三年，建成了选矿厂、冶炼厂、焦化厂，确保了1971年工厂的按计划投产。

172

173

**172**

上海市建工局所属的土建公司率先进入工地，开始了厂房施工会战。

**173**

梅山炼铁厂建厂会战的场景，局属设备安装、机械施工企业大展身手，起吊、安装工厂大型设备。

**174**

"9424"工地指挥部和上海的建筑公司办起了工地小报,宣传建设者先进事迹。

**175**

位于江苏省徐州市的大屯煤矿,1970年作为上海市工业原料基地建设项目开工建设。上海市建工局承担了其中的矿井沉井、厂房及生活设施建设。

**176**

梅山炼铁厂竣工投产

# 唐山抗震救灾

1976年7月28日，唐山发生7.8级强烈地震，原有的城市受到毁灭性破坏，房屋几乎全部倒塌。为了重建唐山，国家调集了全国的设计、施工队伍迅速赶往灾区参加援建工作。当年10月，上海市建工局组成千余人的援建队伍和医疗队，参加开滦机器厂、开滦发电厂等厂房的重建，以及伤员的救助治疗工作。经过一年多的奋战，顺利完成任务，并受到嘉奖。

177

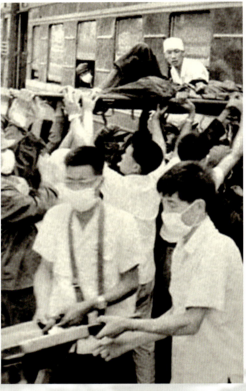

178

179

180

**178 / 179 / 180**

局职工医院医疗小分队的15名医护人员，在三天之内连续工作，抢救伤员3000人次。当年的报纸报道了这一事迹。

181

182

183

### 181 / 182 / 183

不顾自身的安危，在废墟上抢修、抢建厂房。上海市建工局被评为抗震救灾先进集体，荣获了河北省委、省革委会颁发的荣誉锦旗。

# 第3章
## 变革时代的改制转型

INTRODUCTION OF
SHAREHOLDING SYSTEM &
SHIFT OF GROWTH MODEL
IN THE REFORM ERA

1978年12月，党的十一届三中全会召开，变革、转型、开放成为主旋律，建筑行业成为城市体制改革的突破口。上海建工解放思想，转变观念，大胆探索，勇于实践，不断改革在计划经济体制下形成的企业产权结构、管理体制和经营机制；积极学习和借鉴国内外同行的先进经验，形成既接轨国际通行规则和市场要求、又有自己特点的企业运营模式和工程管理方式，增强了整合内外资源和企业内控的能力，提高了各方的积极性，实现了从国有老企业向符合社会主义市场经济要求的市场主体的转变。

# 转变经营机制

## 全行业利润留成包干

1980年4月15日，经上海市人民政府和国家建委、财政部同意，上海市建工局作为全国建筑行业三个试点单位之一，正式推行"全行业利润留成包干"方案。在三年试点期间，上海市建工局的总产值、房屋竣工面积年均递增9.1%和10.4%，利润年均增长50%；国家所得比前三年增加1倍，企业盈利增加1.3倍。在此期间，该局用自有资金增添了定型钢模板等设备，建起了现代化的混凝土搅拌站，取得了明显的经济和社会双重效益。

184

185

186

### 184 / 185 / 186

实行利润留成包干后，企业有了积累，添置了混凝土设备、各种机械设备等，提高了机械化水平；还建造了职工住宅，改善了职工的生活条件。

### 187

上海市建工局《关于报送"扩大企业经营管理主权试行办法"（送审稿）的报告》。

### 188

上海市建工局《转发沪建（80）第571号上海市建委等、转发国家建委等〈关于扩大国营施工企业经营管理自主权有关问题的暂行规定〉的通知》。

### 189

国家建委、财政部（80）建发施字149号《关于上海市建工局试行全行业利润留成的批复》。

187　188　189

## 百元产值工资含量包干

1984年4月,城乡建设环境保护部颁发《建筑安装企业百元产值工资含量包干实施办法》。根据新实施办法,企业可以自主决定分配方式,改变了长期以来按企业职工人数核定工资总额、按统一的工资等级进行分配的模式,调动了企业和职工的积极性。企业主要经营者实行以签订经济责任状为主要形式的经济责任制,该责任制以利润为主要考核指标,并附之多项管理的考核内容。对项目管理人员,不断完善承包责任考核制,一般采取核定基数、确保上交、风险抵押、超额奖励的方法,平时预发工资,工程竣工结算后按合同进行兑现。现场操作者则采用以实物量计件为主要形式的分配方式。这些以工作实效为分配依据的机制较好地调动了各个层面人员的积极性。1985年和1984年相比,上海市建工局每千平方米综合工期缩短了11.29%,劳动生产率提高了22%,人均收入增长了34.89%。

190 191 192

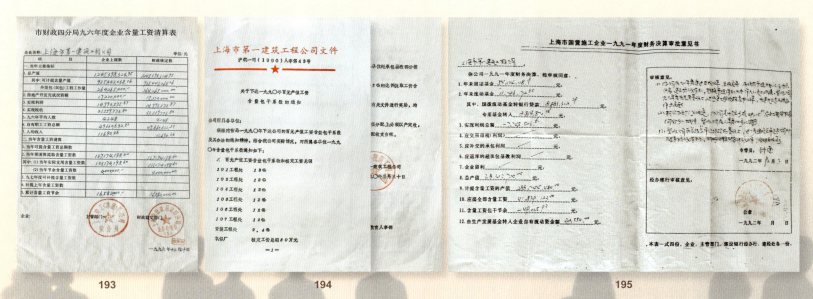

193 194 195

**190**
《上海市建筑工程管理局关于核批一九八九年局属施工企业百元产值工资含量包干综合系数的通知》(沪筑管(1989)经管字第480号文)。

**191**
《上海市建筑工程管理局关于填报一九九○年度本市国营建筑施工企业百元产值工资含量包干计划方案表的通知》(沪筑管经字(1990)第026号文)。

**192**
《上海市建筑工程管理局关于核批局属企业一九九一年度百元产值工资含量包干综合系数的通知》(沪筑管经字(1991)第401号文)。

**193**
《上海市财政四分局一九九六年度企业含量工资清算表》。

**194**
上海市第一建筑工程公司文件,《关于下达一九九○年百元产值工资含量包干系数的通知》(沪筑一司(1990)人字第43号文)。

**195**
《上海市国营施工企业一九九一年度财务决算审批意见书》。

196

197

198

199

200

### 196／198

联谊大厦，位于延安东路外滩。是外滩地区首幢玻璃幕墙超高层建筑。建筑面积3万平方米，高度106.5米。大楼施工采用了混凝土基础连续浇筑，上部结构柱、梁、板等连续浇筑的施工方法，采用了全玻璃幕墙材料的外墙装饰。为了适应技术要求，提高效率，施工中运用经济手段进行承包管理，调动了职工积极性，工程创造了4、5天一层的"上海速度"，每层楼的柱、梁、板浇筑连续作业，当天完工。1984年3月开工，1985年4月竣工。

### 197

一支青年突击队在建造上海首幢超过100米高度的大厦——联谊大厦过程中，创造了5天一层楼的"上海速度"，职工月收入翻了一番。青年们自豪地穿上了时髦的皮夹克上下班。

### 199／200

分配制度的改革大大调动了职工的积极性，1984年一家企业组织优秀班组长、先进集体和先进个人代表以及部分职工家属70多人包了一架客机飞赴杭州旅游。本市《新民晚报》以"建筑工人飞上天"为题作了报道。

## 全员劳动合同制

1995年12月25日,上海建工(集团)总公司举行劳动合同签约仪式,标志着集团各企业全面实行全员劳动合同制。1997年3月7日,集团所属事业单位开始实行了全员聘用合同制。

**201**

上海建工系统下属企业举行全员劳动合同签约仪式

**202 / 203**

职工与企业签订的劳动合同

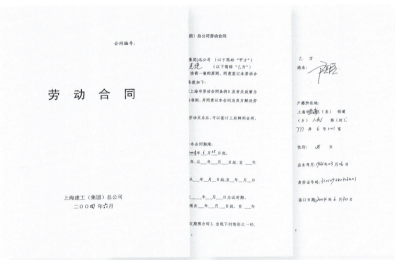

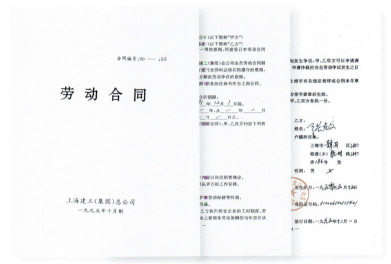

**204**

1988年上海市建工局、建设银行与企业经营者签订的企业承包经营责任制合同

**205**

集团与全资子公司经营者签订的企业经营管理责任状

## 竞聘上岗

1998年8月，上海建工首次在咨询监理公司经营者选拔中引进了竞聘机制。应聘者在组织选拔、群众推荐、个人自荐的基础上，参加竞聘答辩，并由专家和员工代表当场评审，胜出者按规定程序予以聘任。

此后，集团所属企业经营者的竞聘或选聘，从副职（助理）向主要经营者延伸，从基层经营者群体向集团核心管理层逐步扩大。竞聘或选聘工作坚持公开招聘与民主推荐相结合，坚持访谈考察与民主测评相结合，坚持专家评价与职工评价相结合，坚持党管干部与行政选聘相结合。

上海建工先后组织过23家企业、一百多场次的竞聘或选聘答辩会，参加竞聘或选聘的人员达到240名左右。竞争性选拔干部，有效解决了以往领导班子和干部选配过程中动力不足、渠道不畅、视野不宽等弊端，实现了由"要我做"到"我要做"的转变，提高了领导干部选拔的透明度、公平性，也增强了应聘者的群众观念和责任意识。

206 / 207

干部竞聘或选聘答辩会会场

**上海市第二建筑服务公司民主推荐选举经理**

本报讯 上海市第二建筑服务公司（集体所有制）的职工代表最近经过民主推荐，选举了公司经理。然后，由当选的经理提名三位副经理，四人共同组成了行政领导班子。日前，这个服务公司的上级领导部门市建二公司党委正式批准了新班子的人选。

市第二建筑服务公司在原任经理即将退休时，从改革管理体制、开拓施工新局面出发，决定民主推荐选举公司新领导。选举结果，原施工中队长、三十五岁的虞家明以七十三票的多数当选。新当选经理将试职半年，然后由职工进行评议，决定留免。经理任期两年，届时再重新进行选举。

（陆金元）

208

报刊上刊登的有关经营者选拔制度改革的消息

209

企业召开干部竞聘答辩会

# 推行项目管理

在计划经济年代，我国的施工单位实行的是公司、工程队（处）、工地三级行政管理。1978年以后，上海建工系统先后实行了工地主任负责制和工地房屋工程栋号负责制，用以加强项目经济核算。1987年，国家计委等五部门颁发了《关于批准第一批推广鲁布革工程管理经验试点企业有关问题的通知》，上海建工系统的上海市建一公司等单位列入试点。此后，全系统逐步推广和完善项目管理的体制、机制，包括：实行管理层和作业层分开，以项目为中心配置生产要素，开展现场标准化管理，推广多形式的项目承包责任制，从而使项目成为企业形象的窗口、效益的源泉、管理的基础、培养人才的舞台。

211

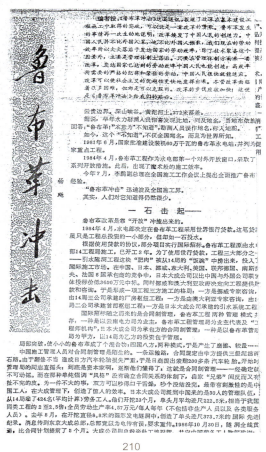

210

1987年国家计委等五个部门颁发《关于批准第一批推广鲁布革工程管理经验试点企业有关问题的通知》。图为《人民日报》刊登的云南鲁布革水电站引水工程施工经验。

鲁布革工程管理经验，是指我国第一个利用世界银行贷款，并按照世界银行规定进行国际竞争性招标和项目管理法管理工程的模式。位于云南的鲁布革水电站引水工程，1984年11月开工，1988年7月竣工，其所创造的鲁布革工程管理经验，备受中央领导同志的重视，经验的核心是：把竞争性机制引入工程建设领域，实行招投标；工程建设实行全过程总承包和项目法管理；施工现场管理机构和作业队伍精干灵活；科学组织施工，讲求综合经济效益。

212

213

214

在总结以往项目管理经验的基础上，编写出版各类项目管理的操作运行手册，对指导项目管理的推行和规范运行发挥了很好的作用(图215)。

215

为提高项目管理的水平，集团开办项目经理和相关的管理人员培训班；组织优秀项目经理总结自身经验，撰写项目管理的论文和管理体会，使先进的管理经验得以推广（图216/217/218/219）。

216

217

218

219

1990年开始,上海建工在全面推行项目管理的基础上,着力提升总承包能力。1998年,上海建工依照国际建筑业通行规则,对时为中华第一高楼的上海金茂大厦实施了工程总承包,受到业界高度评价。之后,上海建工积极探索符合业主要求、灵活多样的总承包方式。在上海磁浮列车工程、浦东国际机场一期和二期工程、虹桥综合交通枢纽工程等项目中,均采用适应市场要求的多种总承包管理方式,确保了项目业主投资目标的实现,以及重大、特大工程的如期顺利完成。2012年,上海建工集团完成总承包产值已占建筑业产值的80%;在一些外资项目和海外项目上,积极推行EPC(设计、建造、采购)方式进行总承包。

## 金茂大厦项目

220 / 221

金茂大厦项目经理部的管理构架和全程反映金茂大厦建设的论著

## 虹桥综合交通枢纽项目

222

虹桥综合交通枢纽项目管理构架和项目施工管理丛书

## 上海中心大厦项目

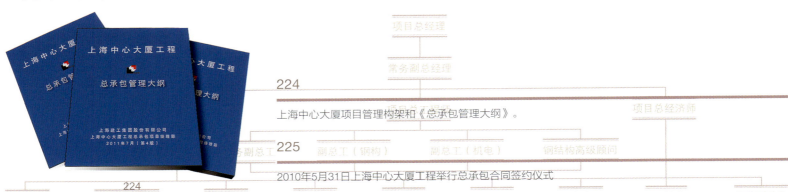

224
上海中心大厦项目管理构架和《总承包管理大纲》。

225
2010年5月31日上海中心大厦工程举行总承包合同签约仪式

226

227

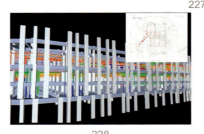 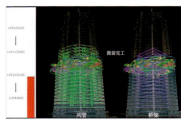

228　　　　229

227 / 228 / 229
面对上海中心大厦建设过程体系的复杂性和专业的众多性，在各专业及专业的整合和协同方面成功运用BIM（建筑信息模型）技术，在管理方面运用信息化技术，大大提高了工作效率和工程的精准度，使总承包水平在新的条件下得到提升。

# 企业体制改革
## 实行两层分开

1992年初，上海市建管局明确局属7个土建工程处进行综合配套改革试点，推行与项目管理相配套的体制改革，撤销工程处体制，分别组建内部独立核算的项目经理部和劳务分公司。当年4月25日，市建一公司101工程处组建了上海建筑业首家劳务型公司，1000多名员工走向市场。紧随其后，其他6家土建公司也分别选择一个工程处进行试点。经过努力，7个试点工程处顺利实现了新旧体制的平稳过渡。此后一年多，全局44个土建工程处经"两层分开"改制，成立了26家劳务分公司和31个项目经理部，把计划体制下只对上负责的行政管理模式，转变为面向市场、适应市场的运行体制。

之后，各建筑公司又经过两年多优化完善，企业的劳务作业层进一步向专业化、小型化方向发展，逐步形成了机制灵活、形式多样、适应性强、有竞争力的新型企业组织形态。与此同时，为适应工程施工项目管理和"两层分开"的需要，实行企业各项业务的系统化管理，构筑企业内部的模拟要素市场，使要素部门与各项目间按对等原则建立经济合同关系，使子公司作为利润中心得以对项目实行矩阵式管理，项目成为责任成本中心和对外履约的主体，最终形成"企业围着项目转、项目围着市场转"的新型管理体制。

230

《解放日报》刊登的企业实行项目管理新体制的报道

231 / 232

上海建工一家企业承包南京路上一项工程，作为分包的外地施工企业选择了这家上海企业分离出来的劳务队。结果，按原体制被认为要亏损的项目却做到了业主、承包方、分包方三方都满意。市场之手把计划体制下的管理层和劳务层进行了重新整合，长期束缚建筑企业的体制难题找到了破解的路径。《建筑时报》将其形象地比喻为"三明治现象"，并作了长篇报道。

上海建工努力打造管理、技术、资金密集型的大型建设集团，有组织、有步骤地将集团内与主业无关、或与主业有关但已形成社会市场的第三层次企业进行归并、剥离、改制，达到"削枝精干、强大活小"的目标。

1994年底，上海市建三公司以股份合作制形式成立了东南混凝土厂，拉开了上海建工集团三层次企业剥离改制的序幕。到1998年底，全集团共建立115家专业分工明确且产权清晰的企业，第三层次企业改制基本完成。在改制过程中，这些企业探索公有制的多种实现形式。

根据与主业的相关程度，有的为母公司控股，有的为母公司参股；有的通过职工持股会持股，或实行经营者群体持股、自然人入股；有的则进行企业间相互参股。改制企业以新的资产纽带关系，组建成多元投资主体、自主经营、自负盈亏、自我约束、自我发展的股份合作制企业或有限责任公司，独立走向市场。在这些企业内部，职工与新企业建立了劳动合同关系，并积极探索各种有利于调动职工积极性的激励机制。

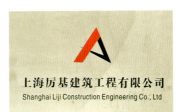

2003年至2004年，公司所属四家投资企业民营属地改制。

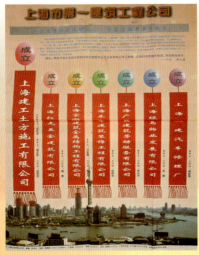

233　　　　234　　　　235

## 实行行业管理

上海市建筑工程管理局是在上海建筑市场逐步形成、发展的大背景下,于1988年由上海市建筑工程局转变而成立的。作为市政府统一管理全市建筑行业的职能部门,它负责上海建筑市场和建筑行业的管理,主要有企业资质、工程质量、工程安全、定额等的管理;同时,作为企业的主管部门,对局属企业的生产经营活动进行领导和协调。

**236 / 237**

《上海市人民政府批转市建委关于上海市建筑业管理体制改革方案的请示的通知》以及《上海市编制委员会关于建管局机构设置的通知》。

**238**

上海市建筑工程局、上海市建筑工程管理局局址、上海建工（集团）总公司总部所在地北京东路230号（江西中路406号），（1964年—2000年）。

## 组建企业集团

1993年11月，根据市委、市政府的要求，撤销上海市建筑工程管理局，组建上海建工（集团）总公司，实施政府机构改革、实行国有资产授权经营管理、建立现代企业制度三位一体的改革。原局所承担的市场和行业管理职能归口市建委，成立市建筑业管理办公室。

原局属的企事业单位组建上海建工（集团）总公司，变原来的行政关系为以资产为纽带、母子公司体制的大型企业集团。作为集团的母公司，上海建工（集团）总公司董事会具有投资决策、战略规划、人事任免、收益分配、审计监督等职责。原局属企业单位根据资产关系成为集团的控股或参股企业。集团的成立，为按照社会主义市场经济的要求改造老企业，使之全面进入市场，成为真正的市场主体创造了体制基础。

239

240

241

中共上海市委、市人民政府《关于市建工局、市建材局机构改革方案的批复》

242

上海市经济体制改革委员会、上海市建设委员会《关于同意组建上海建工（集团）总公司的批复》

241

242

243

上海市国有资产管理委员会《关于授权上海建工（集团）总公司统一管理经营上海建工（集团）总公司国有资产的批复》

244

上海建工（集团）总公司《关于印发〈国有资产管理经营若干规定〉的通知（50条）》

243

244

245

245

1998年7月21日，国务院召开电视电话会议，对上海建工（集团）总公司等单位进行表彰。

246

上海建工（集团）总公司总部所在地，福山路33号（2000年—2010年）。

247

国家经济贸易委员会《关于上海建工集团试点方案有关问题的批复》

248

上海建工（集团）总公司作为国家大型企业集团所制定的试点实施方案

247

248

## 实现整体上市

1998年，上海建工（集团）总公司（以下简称"建工集团"）将所属五家建筑公司、装饰公司、建工设计院、总承包部进行整合，以募集方式组成"上海建工股份有限公司"（简称"上海建工"），于1998年6月23日在上海证券交易所上市。

2005年，经上海市国资委批准，上海建工股份有限公司成功进行了股权分置改革。2010年5月，经中国证监会核准，上海建工实施了重大资产重组，收购了建工集团持有的12家公司的股权以及9处土地房屋资产。2010年7月5日，经公司股东大会同意，"上海建工股份有限公司"更名为"上海建工集团股份有限公司"。重组完成后，建工集团旗下的房地产开发、专业建筑施工、建筑相关工业等核心业务全部注入上市公司。

2011年7月，经中国证监会核准，上海建工实施了第二轮资产重组，收购建工集团持有的上海市政工程设计总院（集团）有限公司100%股权及上海外经集团控股有限公司100%股权。重组完成后，建工集团旗下的海外业务和工程设计及咨询业务全部注入上市公司。

通过连续两轮资产重组，上海建工集团整体上市基本完成。至此，上海建工形成了以建筑和土木工程业务为基础，房产开发、基础设施投资经营、工程设计咨询和建筑材料业务共同发展的产业格局，为健康持久的发展奠定了良好的体制基础。

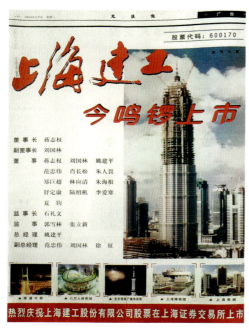

249 / 250

上海建工股份有限公司上市时的广告和招股说明书

251

1998年6月12日，上海建工股份有限公司在上海商城举行创立暨第一届股东大会。

252

在上海建工股份有限公司股东大会上，股东代表发言。

**253 / 254**

1998年6月23日"上海建工"股票正式上市,"鸣锣开盘"。

**255**

"上海建工"股票上市当天开盘价显示股价走势。

**256**

2010年5月中国证监会《关于核准上海建工股份有限公司向上海建工(集团)总公司发行股份购买资产的批复》

**257**

2011年7月中国证监会《关于核准上海建工集团股份有限公司向上海建工(集团)总公司发行股份购买资产的批复》

随着政企分开的推进和国资国企改革的深入，20世纪90年代后期开始，上海市政府陆续将一些与建设有关的企业划归上海建工集团。2004年7月，为深化全市绿化管理体制改革，上海园林集团公司划归上海建工集团管理。2009年2月，为提升上海海外工程承包整体竞争力，上海实业（集团）有限公司持有的中国上海外经（集团）有限公司42.55%股份转让给上海建工（集团）总公司，据此，上海建工集团成为外经集团的第一大股东。2010年9月，上海久事公司、上海电气（集团）总公司、上海城建（集团）公司、上海大盛资产有限公司将各自所持有的中国上海外经（集团）有限公司的股份无偿划转给上海建工（集团）总公司。为提高集团总承包和总集成能力，2010年9月，上海市国资委决定上海建工（集团）总公司与上海市政工程设计研究总院联合重组。2012年6月，原属上海磁浮交通发展有限公司的久创建设管理有限公司划转上海建工（集团）总公司。

258

259

260

261

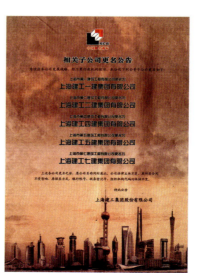

262

**258**

上海建工（集团）总公司、上海建工集团股份有限公司总部，东大名路666号（2010年—）

**260**

入驻上海建工大厦举行庄严的升旗宣誓仪式

**261**

集团制订的内控管理文件

**262**

对下属总承包企业进行集团化改制

# 第3章 变革时代的改制转型

263

上海市国资委《关于上海建工（集团）总公司与上海市政工程设计研究总院联合重组的通知》

264／265

上海市国资委党委、市国资委召开上海建工集团和上海市政总院联合重组大会

266

上海市国资委《关于上海久创建设管理有限公司股权等无偿划入上海建工（集团）总公司的批复》

267／268

集团召开欢迎久创建设有限公司加盟大会

269／270

上海市建委《关于上海园林集团公司划转上海建工（集团）总公司交接仪式的会议纪要》。

271／272

上海市国资委《关于调整上海外经（集团）有限公司股权的通知》

## 1988年－2013年主要单位演变简表

|  | | | | | | | | | |
|---|---|---|---|---|---|---|---|---|---|
| 1988年 | 上海市建筑工程管理局 | 市建一公司 | 市建二公司 | 市建三公司 | 市建四公司 | 市建五公司 | 市建七公司 | 市建八公司 | 安装公司 |
| 1990年 | | | | | | | | | |
| 1992年 | | | | | | | | | |
| 1993年 | | | | | | | | | |
| 1994年 | 建管局撤销组建上海建工（集团）总公司 | | | | | | | | |
| 1998年 | 部分企业组建上海建工股份有限公司 | | | | | | | | |
| 1999年 | | | | | | | | | |
| 2000年 | | | | | | | | | |
| 2002年 | | | | | | | | | |
| 2003年 | | | 整合组建新的市建一公司 | | | 整合组建新的市建四公司 | | | |
| 2004年 | 集团总公司从市建交委划归市国资委管理 | | | | | | | | |
| 2005年 | | | | | | | | | |
| 2009年 | | | | | | | | | |
| 2010年 | 更名为上海建工集团股份有限公司 | | | | | | | | |
| 2011年 | 集团核心业务和资产实现整体上市 | 第一工程建设事业部 | 第二工程建设事业部 | | 第四工程建设事业部 | 第五工程建设事业部 | 第七工程建设事业部 | | |
| 2012年 | | 更名为上海建工一建集团有限公司 | 更名为上海建工二建集团有限公司 | | 更名为上海建工四建集团有限公司 | 更名为上海建工五建集团有限公司 | 更名为上海建工七建集团有限公司 | | |
| 2013年 | 上海建工集团股份有限公司 | 一建集团 | 二建集团 | | 四建集团 | 五建集团 | 七建集团 | | 安装公司 |

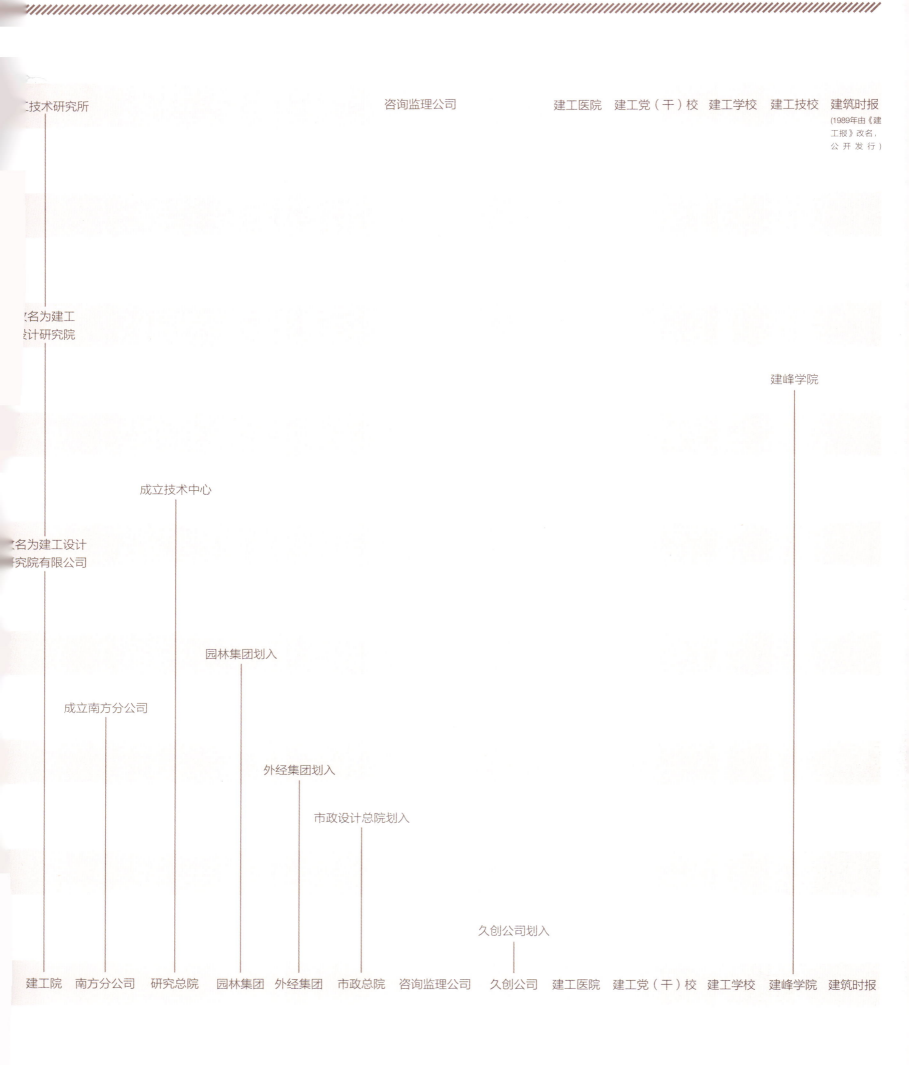

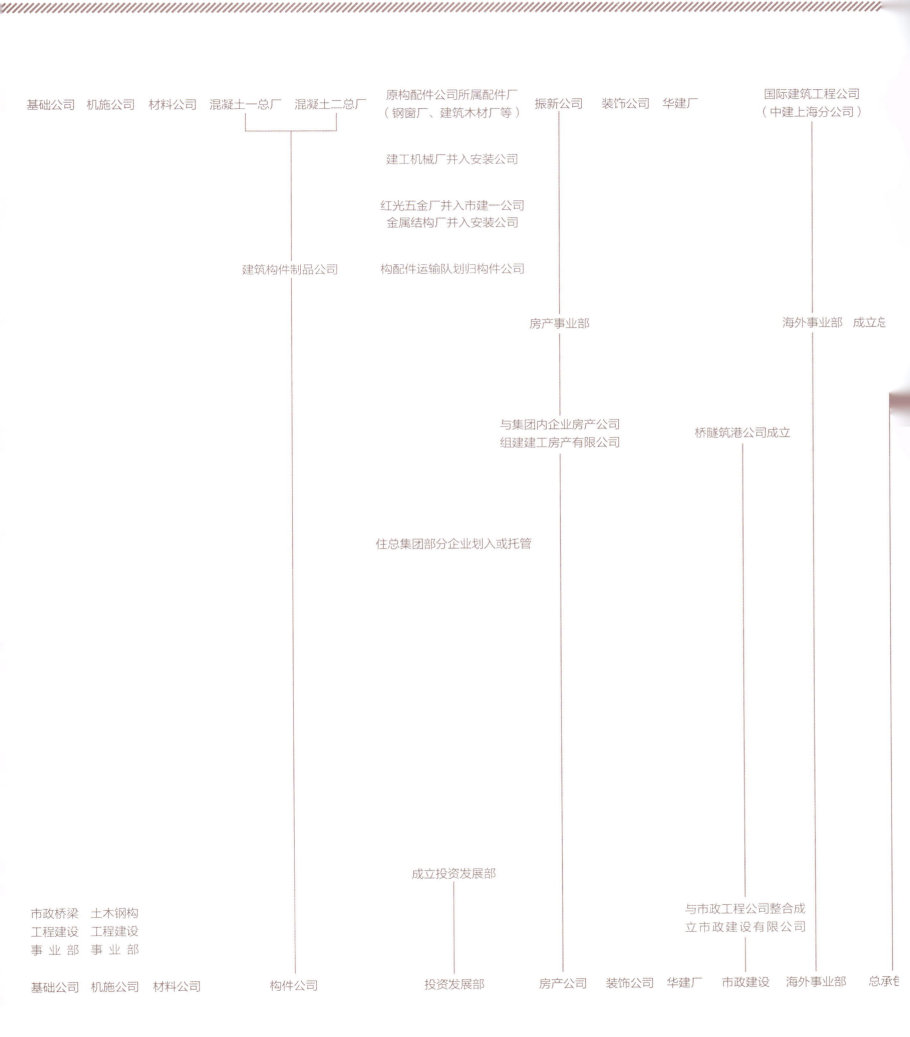

# 第 4 章
## 决胜市场的产业发展

ADJUSTMENT IN BUILDING
INDUSTRY DEVELOPMENT FOR
EFFICIENT MARKET EXPANSION

长期以来，上海建工以工业和民用建筑施工为主，为上海工业基础的建立和城市的发展留下了扎实的足迹。但单一的产业结构和专业结构不利于在市场竞争中取得领先地位。浦东开放开发和建筑市场的开放推动上海建工不断调整产业结构和专业结构，1998年以后，调整的力度和广度进一步加大，初步形成建筑工程、相关工业、房地产开发、基础设施投资经营等产业板块，专业领域涉及设计咨询、房屋建筑、隧道桥梁、地下工程、园林绿化、机电安装、系统集成、物业服务等。主业突出、适度多元发展的产业布局和各产业、专业联动发展的态势扩大了上海建工的市场占有率和影响力，也为上海建工持续、健康、稳定地发展提供了坚实的保证。

# 构筑都市新地标

改革开放,带来了城乡建设的新机遇,推动了城市面貌的快速变化。上海建工每年承担了上海60%以上的重大工程建设任务,用汗水和智慧浇筑的座座丰碑在上海、全国乃至世界建筑史上书写了神来之笔。一大批高楼大厦、隧道桥梁、场馆商城、广场高塔、居民小区按期完工。据不完全统计,1978年以来,上海建工共建造了超过一亿平方米的各类建筑;建成了遍布上海境内几乎全部的跨海、跨江的大型桥梁;完成了近三分之一的上海地铁工程。这些林林总总的工程项目,不少已经成为了上海乃至其他城市的重要标志。

## 超高建筑

273

金茂大厦，楼高420.5米、地上88层，位于浦东陆家嘴路隧道出口处以南，美国SOM建筑设计师事务所、上海建筑设计研究院设计。建筑总面积23万平方米，由于参与的国内外施工单位众多、总工期短，在总承包管理中加强了总协调、总控制，攻克了在软土地基上建造超高建筑的一系列施工技术难题。主体结构1995年9月26日正式开工，1999年3月18日竣工。《88层金茂大厦建筑施工技术研究》获国家科技进步一等奖。

274

**275**

上海中心大厦,主体建筑结构高度为580米,总高度632米,位于浦东的陆家嘴金融贸易区,占地3万多平方米,东邻上海环球金融中心,北面为金茂大厦。美国Gensler建筑设计事务所、同济大学建筑设计研究院等设计。分为5大功能区域,包括大众商业娱乐区域、办公、企业会所、精品酒店区域和顶部功能体验空间。裙房中设有容纳1200人的多功能活动中心。外观呈螺旋式上升,建筑表面的开口由底部旋转贯穿至顶部,与金茂大厦经典隽永的塔形和环球金融中心简洁明快的立体造型形成鲜明对比。由上海城投公司与陆家嘴股份公司、上海建工集团合资成立上海中心大厦建设发展有限公司。主楼大底板直径121米、厚6米的圆形钢筋混凝土平台的6万立方米混凝土一次浇铸成功。2008年11月29日开工,2013年4月11日主楼核心筒结构突破500米,预期2014年底竣工。

**276**

建设者在环球金融中心高空施工

**277**

环球金融中心,楼高492米,地上101层,位于上海市浦东陆家嘴金融贸易区,北临世纪大道,西临金茂大厦。美国KPF建筑师事务所、华东建筑设计研究院设计。总建筑面积38万平方米,是集办公设施、酒店设施、观光设施、会议设施以及商业设施等于一体的超高层建筑;94—100层为观光、观景设施,共有三个观景台,其中94层的"观光大厅",为一个750平方米的展览场地及观景台,97层为"观光天桥",离地439米。2005年11月16日全面开工,2008年8月29日竣工。

276

277

## 广电高塔

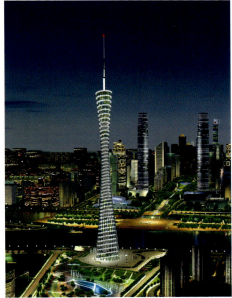

279

280

### 278

东方明珠广播电视塔，坐落于上海浦东陆家嘴，高468米，集广播电视发射、娱乐、游览于一体。通过11个大小球体巧妙组合，生动体现出白居易的名句："大珠小珠落玉盘"的神韵。350米高直筒体施工、93米高斜筒体施工、竖向307米长预应力钢绞线张拉、350米高度混凝土泵送等8项施工工艺处于当时国内领先水平。重450吨、长118米的钢天线桅杆采用的计算机同步控制技术和液压提升工艺处于当时国际先进水平。华东建筑设计研究院设计，1991年9月1日开工，1994年10月1日竣工。

### 279 / 280

广州塔，高610米，由454米的主塔体和156米的天线构成。似一尊"少女回眸"雕塑，高耸于珠江之滨。英国奥雅纳公司、广州市设计院设计。建筑面积99946平方米，钢结构总量逾5万吨，结构形式特殊，外筒自下而上作45度扭转，所有构件均为三维倾斜。2006年8月8日开吊 2009年4月25日天线桅杆提升到位。2009年9月竣工。

## 大型桥梁

281

282

### 281

南浦大桥，上海市区第一座跨越黄浦江的大桥，全长8346米、主跨423米，为双塔双索面叠合梁斜拉桥。上海市政工程设计研究院设计。1988年12月15日开工，1991年6月8日主桥合龙结构贯通，11月19日正式通车。

### 282

1995年,南浦大桥工程被评为国家科技进步一等奖

### 283

杨浦大桥，全长7658米、主桥长1172米，主跨602米，为当年世界第一大跨径双塔双索面叠合梁钢筋混凝土飘浮体系斜拉桥。上海市政工程设计研究院（集团）设计。1991年4月29日动工建设，1993年9月15日建成。

283

284

### 284

至2012年，上海建工共获得26项詹天佑奖。

**285**

江阴长江大桥，全长3071米,中国首座跨径超千米的特大型钢箱梁悬索桥，位于江阴市西山与靖江市十圩村间。是国家"两纵两横"公路主骨架中黑龙江同江至海南三亚、北京到上海这两条国道主干线的跨江"咽喉"工程，也是沟通苏南、苏北的"快速通道"。主体工程由南锚、南塔、北锚、北塔、主缆系统和钢桥面系统六部分组成。南锚台为重力式嵌岩锚碇结构，北锚碇采用大型深沉井基础，沉井平面长69米，宽51米，下沉深度为58米，相当于九个半篮球场大的20层高楼埋在地底下。1994年11月22日开工，1999年9月28日大桥建成通车。

**286**

上海长江大桥,是上海到崇明越江通道"南隧"、"北桥"的重要组成部分之一。连接长兴岛和崇明岛全长16.5公里的桥梁，其中越江部分长10.3公里，主通航孔斜拉桥跨径达730米，上海市政工程设计研究院设计。

285

286

287

287

上海闵浦大桥,当年世界上跨径最大的双塔双索面双层公路斜拉桥,是浦东国际机场高速公路的过江"咽喉"。该桥位于闵行区境内,浦东桥堍位于浦江镇鲁陈路,浦西桥堍位于吴泾镇龙吴路,主桥1212米,主跨1708米。上海市政工程设计研究院设计。2005年9月1日开工,2009年12月31日竣工。

288

288 / 289

上海卢浦大桥,当年世界第一钢结构拱桥,全长8722米,主跨550米。北起浦西南北高架鲁班路立交,过黄浦江后南走雪野路、耀华路与外环线济阳路立交相接。上海市政工程设计研究院设计。在全钢结构拱桥施工中除合龙接口一端采用栓接外,完全采用焊接工艺连接;主桥建造中融合了斜拉桥、拱桥、悬索桥等三种不同类型的桥梁施工工艺于一身。2000年11月14日开工,2003年6月28日竣工。图288为建设者欢庆大桥通车。图289为卢浦大桥全貌。

289

第4章 决胜市场的产业发展

290

291

**291**

2007年，东海大桥工程被评为国家科技进步一等奖。

292

**292**

建设工地上，密密麻麻的钢筋如同"工地之花"。

**290**

东海大桥，是我国目前最长的第一座跨海大桥，位于上海市芦潮港南汇嘴处，跨越杭州湾北部海域，直达浙江省嵊泗县崎岖列岛的小洋山岛，是洋山集装箱深水枢纽港陆路集疏运的通道，并兼顾社会交通运输功能。全长32.5公里，为双向六车道加紧急停车带的高速公路标准。主通航孔斜拉桥跨经420米，采用搭设海上平台进行施工。2002年12月1日正式开工，2005年8月30日竣工。中铁大桥勘察设计院设计。该工程关键技术与应用获国家科技进步一等奖。

## 大型场馆

293

上海博物馆，位于人民广场中轴线的南端，建筑面积38110平方米，地下2层、地上5层，总高度29.5米，采用"天圆地方"的理念，上圆下方。上海建筑设计研究院设计。以日均挖土3000多立方米，创出了当时上海施工之最。还采用了环形钢梁安装、石材电脑排版、切割、干挂等新的施工技术措施。1993年10月6日开工，1996年9月25日竣工。

294

上海大剧院，总建筑面积62803平方米，位于上海市中心人民大道与黄陂北路交会处。法国夏邦杰建筑设计事务所、华东建筑设计研究院设计。拥有近2000座的大剧院、550座的中剧院和300座的小剧院。由主舞台、后舞台和两侧舞台组成。反翘式大屋顶具有独特风格，寓意拥抱蓝天、海纳百川、蒸蒸日上、飞向未来。长100.4米、宽91.29米、高11.4米，总重量达6075吨的钢架结构屋顶，现场拼装整体提升。1995年7月17日破土动工，1998年8月竣工。

295

上海科技馆，总建筑面积9.8万平方米，位于浦东花木行政文化中心区，世纪广场西侧，南邻世纪公园。美国RTKL建筑设计事务所、上海建筑设计研究院设计。2001年APEC领导人非正式会议在此举行。由天地馆、生命馆、智慧馆、创造馆、未来馆等五个主要展馆和临展馆组成，另有立体巨幕、球幕、4D等三个影院及会馆、商场、临展馆、多功能厅、银行等配套设施。1998年12月28日开工，2001年6月29日竣工。

296

**296**

东方艺术中心，位于上海浦东新区世纪广场，总建筑面积近4万平方米。法国巴黎机场设计公司、华东建筑设计研究院设计。从高处俯瞰，东方艺术中心五个半球体依次为：正厅入口、演奏厅、音乐厅、展览厅、歌剧厅，外形宛若一朵美丽的"蝴蝶兰"。由1953座的东方音乐厅、1020座的东方歌剧厅和333座的东方演奏厅组成。2002年3月26日开工，2004年12月竣工。

297

**297**

上海文化广场，当年世界最大、最深和座位最多的地下剧场，建筑面积57104平方米，位于卢湾区永嘉路。整个外形像一只凤凰，内设大型舞台，同时还有一个下沉式广场，地下三层为观众席位置，演出舞台全部设在地下五层。最深处达26米，座位数为2010个。高科技、多变幻、多功能的舞台，不仅有平移、推拉、旋转的功能，还有在国内首创的喷水、制冰装置。室外舞台成为大众演艺观赏的平台。绿化丛中的艺术殿堂，建筑和绿化面积的比率接近1/2。绿化中的雕塑成为一道重温历史轨迹的风景线。从解放前的跑狗场到20世纪60年代上海最大的室内会堂，再到精文花市，一组组雕塑，成为一道新的人文景观。2006年9月28日开始打桩动工，2011年7月竣工。

**298**

改造前的上海文化广场

298

299

300

### 299

世博中心，位于上海世博会园区B片区的世博公园内，总建筑面积14.2万平方米，其中地上10万平方米，地下4.2万平方米。地下1层，地上7层。庄重、典雅、经典的建筑风格，以服务上海"两会"和政务会议为中心，成为大型、高规格国际会议的重要场所。华东建筑设计研究院有限公司设计。2007年6月7日开工，2009年12月25日竣工，是世博会有史以来第一个申请"美国LEED绿色建筑金奖"的建筑。

### 300

主题馆，亚洲最大的无柱展馆，位于浦东世博园区B片区，东西长290米，南北宽220米，总建筑面积14.3万平方米，是世博会历史上规模最大的主题展馆。在设计和建造过程中创下了世界最大的垂直绿化生态墙，面积5600平方米；世界单体面积最大的太阳能屋面，面积3万多平方米；西展厅南北跨180米、东西跨126米，面积达2.268万平方米，净高14米，全厅无柱。同济大学建筑设计研究院设计。2007年11月10日开工，2009年9月28日竣工。

301/302

### 301

世博轴,索膜结构建筑,总建筑面积25万平方米,世博园区最大的单体工程,世博园区空间景观和人流交通的综合体。南起浦东耀华路,北至黄浦江边的庆典广场。德国SBA公司设计,上海华东建筑设计研究院和上海市政工程设计研究总院完成施工图设计,长1045米,宽80米。6个体形不一的"阳光谷",高度为41.5米,最大底部直径约20米,最大顶部直径约90米,总表面积为31500平方米。由69块巨大的白色膜布拼装组成,总长840米,宽97米,面积达6.8万平方米,不仅可避雨,还可遮阳。2009年12月28日开工,2010年1月22日竣工。

### 302

中国馆,总建筑面积为160126平方米,为坐落于上海世博园核心区的标志性永久建筑之一,是世博园区内最高的场馆建筑。由国家馆、地区馆以及港澳台馆三部分组成,港澳台单独建馆。国家馆建筑面积为46457平方米,地下2层,地上6层(核心筒14层),建筑高度69.9米;地区馆建筑面积为113669平方米,地下1层,地上1层,建筑高度13米。华南理工大学建筑设计研究院、北京清华安地建筑设计顾问公司、上海建筑设计研究院有限公司所组成的联合设计团队设计,2007年12月18日开工,2010年2月8日竣工。

### 303

世博文化中心,国内第一座可变容量大型室内场馆,总建筑面积16万平方米,位于世博园区东南端,世博轴以东。造型呈飞碟状,俯视如贝壳,寓意"艺海拾贝",是世博会开、闭幕式和文化娱乐集聚区。华东建筑设计研究院有限公司设计。基坑紧邻黄浦江,土方开挖量30万立方米,地质条件差,地面以下6米范围内有大量废桩、抛石、建筑垃圾等障碍物,且受潮汐荷载影响动水压力大;主体结构为钢结构,巨型斜钢管混凝土柱,大悬挑的伸臂桁架,大跨度的桁架屋盖,结构体系复杂,吊装吨位37000吨;幕墙为多功能的三维曲面碟形幕墙;屋面层次有天窗、星座、星丛、光柱、排风、排烟等不规则洞口繁多。2007年12月30日开工,2010年3月31日竣工。

303

304

305

### 304

东方体育中心，位于上海浦东济阳路168号，紧邻世博园区。为上海举办2011年世界游泳锦标赛而新建，总用地面积34.75万平方米，包括综合体育馆、游泳馆、室外跳水池、服务中心、大平台及室外大平台等单体工程。弯曲的人工湖连接起各个场馆建筑，飞檐立柱与湖光水色辉映，线条灵动流畅。上海建筑设计研究院、德国GMP国际建筑设计公司和同济大学设计院设计。2009年1月1日开工，2010年12月31日竣工。

306

307

### 305

上海体育场，我国首座覆膜结构屋盖场馆，建筑面积17万平方米，也称八万人体育场，位于徐汇区天钥桥路666号。上海建筑设计研究院设计。配套绿化面积7.7万平方米，总建高70余米，建筑外形采用巨型马鞍形、大悬挑钢管空间层盖结构，覆以玻璃纤维成型膜。屋盖最长悬挑梁达73.5米，为当时世界之最。是1997年中国第八届全国运动会的主会场。1995年9月3日开工，1996年4月19日竣工。

### 306

上海国际赛车场，位于上海市嘉定区安亭镇东面，占地5.3平方公里。德国Tike公司、上海建筑设计研究院设计。一期工程主要由赛车场内环线以内的建筑物与主赛道及众多辅助道路、临时看台、造型区等组成，与地2.5平方公里。二期工程包括外环线与内环线之间的公共建筑物及停车场，占地2.8平方公里。清水混凝土结构体量大、异形结构多且创新地采用大跨度非预应力清水混凝土看台板等技术。2002年10月17日开工，2004年6月竣工。

### 307

浦东干部学院，位于浦东花木地区，建筑面积106785平方米，绿化率72.6%，水面面积42571平方米。法国安东尼奥·贝叙事务所、华东建筑设计研究院设计。由会议中心、教学中心、行政楼、图书馆、体育中心、VIP俱乐部及宿舍楼等15个单体组成。2003年6月22日开工，2005年3月18日竣工。

## 交通场站

308

### 308

上海金山铁路，上海城市市郊快速铁路，是我国第一条城市市郊快速铁路，起于上海南站，终点金山站，全长56.4公里。改建工程包括：上海南站至新桥站间增建三、四线15.4公里、新桥站至金山站间增建二线约41公里，新建黄浦江大桥一座。中铁第四勘察设计院集团有限公司设计。2009年8月12日开工，2012年9月28日建成通车。

309

310

311

### 309／310

上海浦东国际机场，占地面积近40平方公里，位于浦东新区东南端的机场镇和祝桥镇境内，濒临东海。主楼建筑外形犹如一只展翅的巨型海鸥，具有很强的时代感和象征意义，面积27.8万平方米，可起降目前世界上任何型号的大型飞机。一期建有一条4000米长、60米宽的4E级南北向跑道，两条平行滑行道，80万平方米的停机坪，共有76个机位，货运库面积达5万平方米。二期建有一条4000米的跑道，80万平方米的新航站楼和4条高标准的南北向跑道。以世界上唯一允许游客进入航站空馆指挥塔楼的开放性和壮观的气势，成为观光现代化大型航空港的旅游热点。一期工程1997年10月全面开工，1999年9月建成通航。图309为浦东国际机场一期航站楼，图310为浦东国际机场二期航站楼。

### 311

浦东国际机场一期工程建设合同签字仪式

312

上海虹桥综合交通枢纽，具有高速铁路、磁悬浮、城际铁路、高速公路客运、城市轨道交通、公共交通、民用航空等集中换乘功能的现代化大型综合交通枢纽。规划用地面积约26.26平方公里，工程包括虹桥机场扩建，东、西交通广场，地铁东、西站，铁路虹桥站等项目，总建筑面积79.9325万平方米。2010年投入使用。

313

314

315

316

317

318

312

313

地铁虹桥站

314

虹桥机场航站楼

315／316

铁路虹桥站

317

虹桥机场登机长廊

318

虹桥综合交通枢纽俯视效果图

319

### 319

铁路上海南站，总面积5万余平方米，位于沪闵路以南，石龙路以北，桂林路以东，柳州路以西。法国国营铁路AREP公司、华东建筑设计研究院设计。工程主要有：主站房、行包房、售票大厅、办公管理用房、地下通道工程及南北广场、长途客运南站、邮政转运楼与35千伏变电站等，运营中的轨道交通1号线改建入地，与轨道交通3号线和铁路沪杭线在主站房立体交会，实现三线"零换乘"。2002年7月9日1号线改建工程等相继开工，2006年7月1日投入运营。

320

### 320

上海磁浮交通示范线，时速430公里，上海市政设计研究总院设计。具有交通、展示、旅游观光等多重功能。西起上海轨道交通2号线龙阳路站，东到上海浦东国际机场站。线路正线全长33公里，双线上下折返运行。2001年3月1日开工，2002年12月31日启用。

## 高层建筑

321

### 321

恒隆广场，高288米，地上最高66层，总建筑面积29万平方米，位于上海静安区南京西路。一期工程建筑面积280000平方米，地下室4层，面积56388平方米，地上61层，面积205272平方米。二期工程北临南阳路，西邻西康路，地下3层，地上（仅塔楼部分）43层，面积为110840平方米。工程四周交通繁忙，车流密集，施工场地狭小，地下管线众多，南阳路高压电缆离基坑最近处仅4米左右。在土方开挖、支撑爆破拆除等地下室施工中采取各种保护措施，确保了周边环境及设施不受影响。1996年6月11日开工，2001年9月24日竣工。

### 323

上海港汇广场，上海首座空中双塔，高226米，由2幢54层办公楼组成，建筑面积12.9万平方米，位于徐家汇商业城，周边交通繁忙，又是在已建成的建筑上加建而成。施工采取有效措施，确保了不扰民，不影响大型商场正常营业。美国凯里森设计事务所、香港冯庆延建筑师事务所、华东建筑设计研究院设计。2003年4月15日开工，2005年6月5日竣工。

322

### 322

至2012年，上海建工共获得鲁班奖82项（其中境外工程3项）。

323

324

325

### 324
新锦江大酒店，建筑面积57330平方米，高153米，地上46层，当时上海最高的钢结构建筑，坐落在瑞金二路、长乐路口，主楼呈八角棱柱体形，四十层为空中花园，四十一层是当时上海规模最大的双层旋转餐厅。屋顶有直升飞机停机坪。深圳市建筑设计研究总院、深圳奇信装饰设计工程有限公司设计。1985年3月开工，1988年12月竣工。

### 325
明天广场，总建筑面积127400平方米，高度285米，位于上海南京西路、黄陂北路，地下3层，地上58层。美国约翰·波特曼设计事务所、上海建筑设计研究院设计。大楼线条硬朗明快，似巨型火箭。针对上海软土地基的特点，采用一柱（永久）多桩、裙房逆作、主楼顺作的方案，降低了施工技术措施费，以永久结构楼板替代了支撑，节约了成本，增加了施工作业面，加快了施工速度。1996年8月8日开工，2003年10月1日落成。

### 326（右图）
上海国金中心，由高250米、55层和高260米、57层的南北塔楼以及高85米、24层的裙房构成，总建筑面积62万平方米，超深基坑27米，位于上海浦东新区世纪大道8号陆家嘴金融贸易区内。是陆家嘴最大的综合发展项目，拥有超过20万平方米的写字楼、10万平方米的商场和9万平方米的酒店设施。双塔外形由简单方正的平面开始，一直延展到塔顶的多方位斜面和削角，塑造出雕刻艺术的美态。总体建筑设计为Pelli Clarke Pelli Architects的西萨·佩里（Cesar Pelli）。2007年1月9日开工，2011年12月21日竣工。

## 地铁及车站

327

328

329

**327**

上海地铁车站

**328**

上海轨道交通三号线（明珠线），上海第一条高架有轨铁路，利用老沪杭铁路内环线和淞沪铁路高架改造而成，从徐汇区上海南站开往宝山区江杨北路站，总长达到40.3公里，是当时上海最长的轨道交通线路。

**329**

深圳地铁老街车站，位于深圳市旧城区商业繁华地带，施工区域狭窄，建筑物距车站围护结构外缘最小处仅2.4米及1.9米。1号线侧墙为"地下连续墙＋内衬墙"的叠合式结构，于2005年建成并通车运营。为实现与新建3号同站台平面换乘，2007年修建了换乘综合体，对破除部分地下连续墙等进行改造，实现与新建结构接驳。

# 工业和科研设施

330

331

### 330

上海大众汽车有限公司，二期工程为改造、扩建，总建筑面积16万平方米，包括车身、油漆、总装车间等单体项目。车身车间项目采用大柱距、大跨度、大空间，增加了有效面积。油漆车间结构上采用沉降和跨地梁等措施。总装车间正立面用大众蓝色彩色压型钢板屋面及墙面，达到了良好的视觉效果。1993年2月13日开工，1994年7月31日竣工。

### 331

华虹NEC（"909"工程），集成电路自主创新项目，1999年2月正式建成投产。

332

### 333

上海浦东煤气厂，我国自行设计、建造、施工的大型城市煤气气源厂。位于浦东新区东塘路55号，建筑面积为12.95万平方米。一期工程以焦炉煤气掺混水煤气形成日产100万立方米的生产规模，1号焦炉于1986年年底投产，2号焦炉于1987年年底投产；二期工程采用液化石油气掺混水煤气工艺，设计规模为日产城市煤气100万立方米，于1991年6月底建成投产。

### 332

上海光源（SSRF），坐落在上海浦东张江高科技园内，一期总建筑面积为50648平方米，由同步辐射装置的主体建筑（八组螺旋上升的拱壳面组合）、动力设备用房、综合实验楼、综合办公楼等建筑组成。内部大量管道随结构成流线型密集布置。2004年12月25日动工，建筑安装和公用设施工程2006年底完成，2009年4月初全面完成。2013年4月，被评为上海市科技进步特等奖。

333

## 334

上海江桥生活垃圾焚烧厂，位于嘉定区江桥镇，总建筑面积35000平方米。分两期建设，一期工程为两条日处理能力500吨的垃圾焚烧线，二期增设一条日处理能力为500吨的垃圾焚烧线，最终达到1500吨/天的规模。1999年9月8日开工，2003年底一期正式进入生产试运行，2005年11月二期投入运行。

## 335

上海赛科90万吨乙烯化工厂，位于上海化学工业区，是一个拥有B套生产装置和相关配套公用工程的现代化大型石油化工项目，占地200公顷，2003年7月15日开工，2004年6月30日交付使用。

## 336

上海耀华皮尔金顿玻璃有限公司，位于浦东新区济阳路100号，建筑面积11.7万平方米，包括生产线、原料供应、动力、辅助生产系统等。1984年3月开工，1987年5月竣工。

334

335

336

## 住宅小区

**337**

梅园新村，1988年—1993年，位于浦东福山路100号，总共有7个街坊，用地面积30公顷，住宅面积35万平方米，有高层、多层住宅。整体环境设计以"梅"字为主题，住宅周边点缀各类梅景园林。1996年2月竣工。

**338**

曲阳新村，位于曲阳路、中山北二路。总建筑面积111万平方米。高层住宅、多层住宅、公共建筑分别占30%、60%、10%，上海市工业建筑设计院设计。1983年完成规划即开工，1987年基本建成。上海市建工局调集3个土建公司参与施工，首先实行了"幢号经济承包"责任制，在高层技术上采用大模板工艺，结构达到5天一层的速度。

**339 / 340**

建于20世纪八十年代的威海路和鞍山路高层公寓

337

338

339

340

341

### 341
古北新村，建于1967年—1994年，规划面积136.6公顷，总建筑面积300万平方米，由住宅区、别墅区、办公综合楼、展览馆等建筑群体组成。

### 342
世茂滨江花园，由7栋49层—55层超高层的高档公寓组成，位于浦东陆家嘴地区，最高为168.85米。2001年3月8日开工，2005年1月30日竣工。

342

## 实行专业新拓展
### 开发经营房产

上海建工的房产开发起始于1984年由中建上海分公司联合香港两家企业投资兴建的上海首幢外销房——雁荡大厦，以后主要是开发参建系统内的职工住宅。1985年成立了主营商品房开发的振新建设公司。至1993年年底，全局系统共有23家房产经营企业。1994年，上海建工（集团）总公司成立，获国家房地产综合开发一级资质，并设房产开发部。1998年，集团总公司对集团内的房产企业实行整合，成立了上海建工房产有限公司。依托集团整体优势，上海建工房产全方位拓展市场，实现了开发方式、开发品种的转变和开发能力的提升。年开发量增加到300万平方米以上，进入"上海市房地产开发10强"、"房地产十大著名企业"和全国百强房地产企业之列。2010年，房地产业务注入上海建工股份有限公司，建工房产由此迈入了新的发展阶段。

**343**

雁荡大厦，1984年由中建上海分公司联合香港两家企业投资兴建的上海首幢外销房，1985年建成，位于上海雁荡路、南昌路。

**344**

上海第一栋外销商品房雁荡大厦举行开工典礼

**345**

1985年雁荡大厦举行竣工典礼

343

344

345

346

347

348

### 346／347
1997年8月28日建工锦江大酒店开业场景

### 348
建工锦江大酒店，1997年开业，上海建工（集团）总公司投资、建造的三星级酒店，位于上海建国西路、衡山路。

349

### 349
上海滩新昌城，2006年建成，上海建工房产在上海市中心大型旧区改造项目，位于上海新昌路、新闸路。

350

351

**350**

大唐国际公寓，2008年建成，上海建工房产通过股权收购方式开发的项目，位于上海浦东银霄路、樱花路，总建筑面积11万平方米。

**351**

浦江镇住宅项目，2010年开始交付。是集各类住宅、会展中心、商业项目为一体的大型房产开发项目。开发总面积约100万平方米，位于上海闵行区浦江镇。

352

353

354

**352 / 353**

上海滩新昌城小区景观。

**354**

上海滩·大宁城，2011年开始交付，上海建工与上海电气合作开发的房地产项目，位于上海中山北路、普善路，总建筑面积约25万平方米。

355

356

357

### 355
周康航拓展基地，上海六个大型居住社区之一，由上海建工房产担负从征地、动拆迁到楼盘开发、公共配套建设的综合开发项目。总建筑面积约150万平方米，位于上海浦东周浦镇。

### 356
徐州新城，2012年5月交付，上海建工房产在江苏徐州开发的房产，开发面积40多万平方米。

### 357
建工汇豪商务广场，2013年建成，上海建工房产开发的准甲级写字楼，位于上海吴中路、古井路，总建筑面积约8.8万平方米。

## 投资基础设施

20世纪90年代后期,上海城市基础设施投资由政府为主逐步转向市场多元并举,尤其鼓励规模大、信誉好、实力强的大型企业直接参与投资。1998年4月,上海建工开始以BOT(建设、经营、转让)、BT(建设、转让)等方式涉足城市基础设施投资建设领域。首个项目为投资5.5亿元的上海延安路高架(中段)工程,其后是同三高速公路(上海段)工程和沪青平高速公路工程项目。2002年转而又以BT方式投资地铁1号线上海南站站工程、中环线(浦西段)2.7标工程,以及地铁13号线世博专用线工程。

上海建工的城市基础设施项目投资拓展到上海周边城市,其中,2008年—2011年,在无锡、常州、南京先后以BT方式投资了7个项目,累计投资额72亿元。2012年,上海建工又以BT方式独家投资108.5亿元建造昆山市中环快速化改造工程项目,这是迄今为止上海建工承接的最大规模的城市基础设施投资项目。2012年,上海建工基础设施投资的总规模达200亿元。

358

同三高速公路(上海段)工程项目。上海建工出资5.5亿元的上海建工以BOT方式投资控股。

359

上海延安路高架(中段)工程。采用BOT方式投资,上海建工首个参与投融资的大型基础设施项目,投资5.5亿元。

360

地铁1号线南站站工程项目,上海建工以BT方式投资。

361

沪青平高速公路工程项目,上海建工以BOT方式投资。

**362**

中环线（浦西段）2.7标工程项目，上海建工以BT方式投资。

**363**

地铁13号线世博专用线工程项目，上海建工以BT方式投资。

**364**

无锡市吴越路（A标段）工程项目，2008年，上海建工以BT方式首次在上海以外的地区投资。

**365**

昆山市中环快速化改造工程项目，上海建工以BT方式独家投资108.5亿元。

**366**

2012年6月，昆山市中环快速化改造工程举行开工典礼。

362

363

364

365

366

## 推进战略合作

从2005年起，上海建工先后与几十家单位签订了战略合作协议，建立了集团层面的战略合作关系。其中有国内企业集团、境外跨国公司、大型金融机构，以及地方政府、开发区管委会等。战略合作，旨在充分利用协议双方各自的资源与优势，共享市场信息，在合作领域及工程建设过程中，互相支持、互相配合、互相合作。通过战略合作，上海建工集团在国内外市场开拓中取得了良好的成效，为整个集团实施"走出去"战略，以及不断扩大规模和持续发展发挥了积极的作用。

367

2008年11月10日与百联集团有限公司签署战略合作协议

368

2010年3月5日与中信泰富签署战略合作框架协议

369

2011年5月20日与张江高新区签署战略合作框架协议

370

2010年8月18日与闵行区人民政府签署战略合作框架协议

371

2011年7月5日与国家开发银行签署战略合作协议

372

2012年3月16日与陆家嘴集团签署战略合作框架协议

# 推进工业化生产

## 发展预拌混凝土

1974年,上海市第二建筑工程公司在闸北发电厂125兆瓦发电机组工程项目中,首创混凝土现场集中搅拌生产新模式。1976年,该公司建造了上海第一座预拌混凝土搅拌站——江湾搅拌站。1978年,为了支援宝钢建设,上海市构配件公司混凝土制品一厂从日本引进一套大型混凝土集中搅拌楼设备。1980年,上海建工局先后将江湾搅拌站和构件一厂宝钢搅拌站划归局属供销处管理。1983年,根据建工局集中管理预拌混凝土产业的要求,供销处成立了集生产、运输、供应为一体的混凝土供应总站,下辖江湾、宝山、真如、金山搅拌站。1988年,材料公司组建了预拌混凝土分公司。1994年,上海建工混凝土年产量突破100万立方米。1998年,上海建工将预拌混凝土作为材料公司主营业务。2012年,上海建工混凝土年产量达到1891万立方米,其中材料公司1278万立方米,构件公司613万立方米。在2010年中国混凝土企业综合实力十强评选中,建工集团材料公司名列首位,构件公司名列第五。2012年,上海建工总装机容量达到245立方米,生产能力居全市混凝土企业首位,其中材料公司149立方米,构件公司96立方米。

373

374

375

376

377

**373**

1976年建成的上海第一座预拌混凝土搅拌站——江湾搅拌站

**374**

1978年从日本引进大型混凝土搅拌楼的宝山搅拌站

**375／376**

混凝土搅拌楼及现场浇捣施工

**377**

集生产、运输、供应为一体的混凝土供应站

2008年，材料公司在陆家嘴地区新建了以节水、节材、防尘为目标的上海首家环保型搅拌站——双辉搅拌站；2010年，该公司嘉南、浦阳等6家搅拌站和构件公司五厂、八厂搅拌站成为上海首批环保型搅拌站，有的搅拌站达到了废水、粉尘"零排放"的标准。

378／379
材料公司嘉南搅拌站被授予"上海市环保型搅拌站全市观摩样板"称号

380
搅拌车队整装待发，为重点工程作贡献。

381／382／383
材料公司嘉南搅拌站封闭式料场达到环保标准

378

379

380

381

382

383

湖州新开元碎石有限公司是由上海建工材料工程有限公司、湖州市汇通实业总公司与香港嘉华集团三方投资于1995年3月兴办的大型建筑石矿。2010年调整重组为上海建工集团全资子公司。公司总投资1.5亿元，年产优质石料400万吨。目前，公司是华东地区规模最大、设备及工艺技术最先进、开采及加工方式最环保的大型石矿企业，2011年被评为国家级绿色矿山试点单位，2012年被评为国家级高新技术企业。

384

385

386

387

388

**384 / 385 / 386**
石矿开采、爆破、装载

**387**
各种加工好的石料通过皮带机输送到码头

**388**
石矿生产区，车间全封闭、资源综合利用，厂区绿树成荫。

上海建工保持着国内混凝土施工"高、大、难、深"的纪录，上海中心大厦主楼核心筒C60泵送突破500米，创造了国内混凝土泵送高度新纪录；在上海中心大厦主楼底板基础一次性浇捣6万立方米项目中，刷新混凝土底板超大体积、超深厚度、超大方量的国内新纪录；在东海大桥工程混凝土施工中，创下了海上大体积混凝土施工难度"国内之最"；在上海铁路南站交通枢纽地下42米施工项目中，创下了国内工程底板浇捣最深的纪录。

389

混凝土泵送高度随着上海的"高度"而不断攀升

390

60小时连续浇筑完成上海中心大厦60000立方米地下工程混凝土

391

针对地下空间工程的特点，研制出高抗渗、高强度、高耐久性的混凝土，成功运用于深度达42米的上海铁路南站南北广场地下工程。

392

在恶劣环境下，经过47小时艰苦拼搏，完成了东海大桥主墩承台8216立方米的混凝土浇捣，创下了海上大体积混凝土施工难度"国内之最"。

## 升级混凝土预制件

上海混凝土预制构件生产工艺在20世纪60年代前比较落后。从20世纪60—80年代，上海建工先后建成和改造了成型钢筋和混凝土构件的半自动生产线。混凝土构件生产由露天转向车间，由木模改为钢模，由人工上料革新为机械布料，先后生产了先张法预应力空心楼板、屋面板、槽形板、吊车梁等单一构件，以及预制梁、板、柱构件；设计和研发了立窑（1978年获上海市科学进步奖）、平窑、成组立模及热台模等构件养护新工艺和新技术。20世纪80—90年代，开发了各类大型预制管片等市政精品构件、先张法预应力桥面板梁、离心成型的PHC管桩和清水PC外墙挂板装饰构件，采用了普通蒸汽养护和高压釜养护等多种养护工艺。

### 混凝土构件生产的发展

393

早期构件露天生产现场

394 / 395

图394为20世纪70年代混凝土构件生产立窑车间，图395为立窑。

396

12厘米多孔板平窑生产线全貌

397

早期生产人工布料

398

机械布料

### 混凝土构件养护的发展

399

早期露天自然养护（盖草包）

400

蒸汽养护池

401

20世纪八、九十年代地铁管片蒸汽养护罩

402

管片水养护

403

高压釜蒸养

## 混凝土构件的发展

早期的混凝土构件,俗称"三板一梁"。

404 预应力多孔板

405 预应力空面板

406 槽型板

407 T型梁

## 市政工程混凝土构件

409

410

411

408 / 409 / 410 / 411

图408为地铁管片堆场,图409为地铁(6号线)双圆管片,图410为污水合流顶管,图411为预制地下连续墙。

进入20世纪90年代后,上海建工开发了多种类轨道交通工程所需的管片和型梁、越江隧道管片、高架路(桥)高精度梁、磁悬浮轨道梁等市政工程构件;开发了各式清水(PC)混凝土住宅外墙板、装饰挂板、楼板、阳台板、楼梯、方管桩等系列构件产品。近年来,在吸收、消化国内外科技成果的基础上,自行开发了技术更优、质量更好、效率更高的钢筋桁架模板生产线。2011年,预制构件年产总量达到52万立方米,创历史新高。其中,自主生产开发的轻质保温板出口菲律宾,PC板出口日本,并取得日本JIS认证和N认定。

## 清水装饰混凝土构件

412 日本PC板

413 万科PC板

414 清水挂板

415 复合自保温护墙板

## 超大型混凝土构件

416
U形梁吊装

417
丁形梁

418
沪闵高架节段梁

419
箱梁

420 / 421

图420为磁浮列车轨道梁制作，图421为磁浮列车低速曲线轨道梁。

## 研制混凝土新装备

20世纪60年代初，上海建工实现了混凝土装备的历史性突破，由华东建筑机械厂制造出了我国最早的鼓筒型混凝土搅拌机、平板式混凝土振动器和卧轴式混凝土搅拌器。20世纪60年代后期，设计制造了中国第一代混凝土搅拌车。20世纪70年代，设计、制造了第一代混凝土搅拌站和搅拌楼。1978年—1988年，在完善混凝土搅拌站的同时，研制和生产了中国第二代混凝土搅拌车。1989年—1999年，开始生产各种新型混凝土搅拌机、混凝土固定泵，生产的混凝土搅拌站达到了世界先进水平。2000年后，开始生产270立方米大容量混凝土搅拌站、6立方米/罐大容量搅拌主机、12立方米大容量搅拌运输车、37米和44米混凝土泵车，部分产品小批量出口。2008年，联合研制了中国首创的铁路、公路两用混凝土搅拌运输车；2011年研制了隧道用水平式混凝土搅拌运输车；2012年研制了53米混凝土泵车和新能源混凝土搅拌运输车。

422

原华建厂长阳路厂址

423

2004年建成的"上海华建"新厂房

## 混凝土搅拌机的发展变化

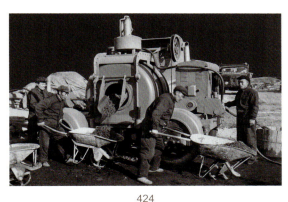

424

上世纪60年代生产的400升鼓筒式混凝土搅拌机在施工现场

425

1983年试制生产的JD250型混凝土搅拌机

426

1987年生产的JZ350型混凝土搅拌机

427

2012年新研制的JN2000型强制式行星混凝土搅拌机—是商品混凝土搅拌站的核心配套部件

428

2003年设计试制成功的JS2000a强制式双卧轴混凝土搅拌机（出料容量2立方米）

## 混凝土搅拌车的发展变化

429

JS1-3型隧道混凝土运输车（1969年，装载量3立方米），仅在隧道内轨道行驶。

430

1966年生产的ＪＣ2型混凝土搅拌车（2立方米）——中国最早的混凝土搅拌车

431

2008年公路铁路两用混凝土搅拌车（8立方米）投产

432

2012年新研制的新能源环保型搅拌车（7立方米），专用于出口泰国。

433

2011年平行式隧道搅拌车（6立方米）诞生，专用于隧道工程。

## 混凝土泵车的发展变化

434

早期生产的混凝土泵车和搅拌车参与工地施工

435

2012年新研制的RZ53型53米泵车

## 混凝土搅拌站的发展变化

436

437

438

439

436

上世纪70年代研制设计的中国最早HZ15型混凝土搅拌站（15立方米/小时），独家生产13年。

437

2002年研制成功我国第一套船用大型混凝土搅拌站（120立方米），用于东海大桥海上作业。

438

2003年试制成功的HLS150型混凝土搅拌楼，用于浦东国际机场二期工程。

439

2010年建成360型环保型搅拌楼（360立方米/小时），一楼双机型式。

# 开拓国内新市场

历史上，上海建工多数企业除了20世纪50年代支援国家重点工程建设、60年代承担大小三线建设之外，一般主要负责上海的工程建设。期间，上海市基础工程公司因独特的专业性，长期承担了诸多外省市的项目。1998年，随着上海建工结构调整的整体推进，国内市场的开拓作为集团重要的调整方向，在承接各地标志性工程和技术含量高的工程上取得了积极的成果。2008年，上海建工召开国内市场工作会议，把开拓国内市场作为集团的重要发展战略，并提出了一系列措施和具体目标。2011年，上海建工召开第二次国内市场会议，把决胜国内市场作为集团可持续发展的重要举措，并提出区域市场拓展的目标。同时，调整组织体制，成立了五个集团所属的工程建设事业部。2012年，上海建工国内市场新签合同额占总额的40%。

440

441

442

**440**

南京世茂凯悦酒店，位于南京世茂滨江新城，是临长江而立的弧形建筑。总建筑面积近70000平方米，主体长180米，面江弧形设计为每一间客房都拥有良好的景观，客房主体区域高13层，包括标准客房、商务套房、豪华型套房、总统套房等共400多间。拥有餐饮、健身、娱乐等设施。2008年下半年试营业。

**441**

大连东港绿地中心，总面积58万平方米，主塔楼高度518米，建筑面积33万平方米。位于大连东港新区核心位置，毗邻夏季达沃斯会议中心，是由8幢主体建筑组成的超高层城市综合体。美国HOK建筑设计事务所、华东建筑设计有限公司设计。包括超五星酒店、超豪华海景公寓、世界顶级品牌旗舰店等多种功能。主塔楼2011年11月23日开工。

**442**

南京紫峰大厦，高450米，地上89层，建筑面积26万平方米、位于江苏南京市鼓楼广场。美国SOM与华东建筑设计研究院有限公司合作设计。工程采用了C50、C60及C70的高标号混凝土的高程泵送，钢结构天线长145米，重480吨。2006年3月23日开工，2010年3月30日竣工。

443

444

445

### 443

北京国家大剧院，总建筑面积21.75万平方米，位于北京市天安门广场西，人民大会堂西侧，西长安街以南，由主体建筑及南北两侧的水下长廊、地下停车场、人工湖、绿地组成。中心建筑为独特的壳体造型，高46.68米，地下最深32.50米，周长达600余米。壳体表面由18398块钛金属板和1226块超白玻璃巧妙拼接，营造出舞台帷幕徐徐拉开的视觉效果。壳体周围是面积达3.55万平方米的人工湖及由大片绿植组成的文化休闲广场。非正椭圆形半球全钢结构壳体内部容纳了歌剧院、戏剧院、音乐厅三个独立的大型建筑。施工中攻克了壳体预变形、预拼装、超薄超长构件吊装、测量、壳体支撑体系、壳体结构荷载转换等关键技术。法国巴黎机场设计公司、北京市建筑设计研究院设计。2007年9月竣工。

### 444

沈阳奥林匹克体育中心体育场，总建筑面积103992平方米，是绿色节能、设施先进、汇集众多科技特征的国内一流综合性体育场，位于沈阳市浑南新区核心区。拥有两层观众看台、102个贵宾包厢，可容纳观众6万人，设有残疾人坐席、电梯与通道。上海建筑设计研究院设计。2006年3月开工至2007年6月竣工，仅用了16个月时间，创造了多项国内第一。

### 445

青岛大剧院，建筑面积87401平方米，位于崂山区，华东建筑设计院有限公司设计。钢屋盖为大跨度空间横架结构体系，跨度达78.4米，2006年3月17日开工，2010年12月31日竣工。

**446**

新疆迎宾馆，1957年由新疆维吾尔自治区人民政府投资兴建的园林式宾馆。位于乌鲁木齐市延安路1192号，占地面积902亩。集团以设计、施工总承包方式承建了接待新区（五栋高端接待楼和一个会议中心共27000平方米）、后勤区（办公、宿舍等共13000平方米）及景观绿化改造。2011年4月22日开工，2012年6月30日完成建设，同年9月圆满完成了第二届中国——亚欧博览会接待任务。

**447**

湖州喜来登温泉度假酒店，总建筑面积为75000平方米，又名"太湖明珠"，集生态观光、休闲度假、高端会议、美食文化、经典购物、动感娱乐体验为一体的水上度假酒店。美国MAD建筑师事务所设计。高100米，宽116米，拥有300余间客房，2008年5月18日开工，2012年9月28日落成。

446

447

448

449

450

451

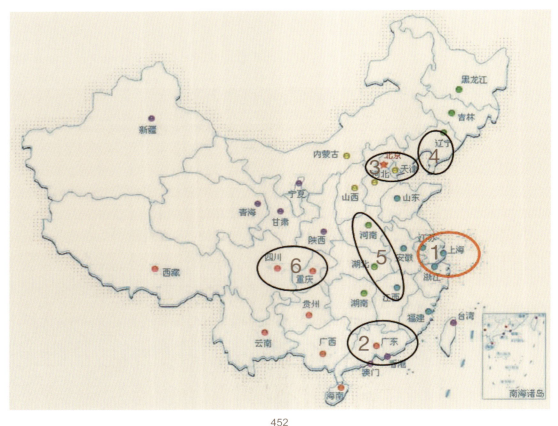

452

上海建工国内市场的布局：1为上海及"长三角"地区，2为以广州为中心的"珠三角"地区，3为以北京、天津为主的京津地区，4为以沈阳、大连为中心的东北地区，5为以武汉、南昌为中心的中南地区，6为以重庆、成都为中心的西部地区，还有西安、济南、青岛、南宁等重点城市。

**448**

杭州市九堡大桥，全长1855米，双向六车道，主航道桥与非航道引桥分别采用大跨度连续组合拱桥与连续组合箱梁桥，是国内第一座全桥采用组合结构的大型越江桥梁。横跨钱塘江，在钱江二桥和下沙大桥之间。"玉璜映钱塘，江潮跃明珠"，三只"翅膀"源于良渚文化中"玉璜"的拱形符号，不但好看，还产生拉力把整座桥往上提，减轻桥墩压力。被誉为"钱塘江上最美的桥"。上海市政工程设计研究院设计。2009年3月16日开工，2012年7月6日开通运行。

**449**

舟山桃夭门大桥，跨越桃夭门水道，连接富翅岛和册子岛，全长888米，为主跨580米的双塔双索面半漂浮体系七跨钢筋混凝土混合式斜拉桥，主塔高151米。是舟山大陆连岛工程的第三座跨海大桥。2001年3月动工建设，2003年4月完工。

**450**

重庆长江鹅公岩大桥，全长7.27公里，正桥长1420米，主桥长1022米，主跨600米，为门型形双塔柱三跨连续钢箱梁悬索桥，主塔高163.9米。位于重庆市道路快速路的东西干道，上海市政工程设计研究院设计。1997年12月开工，2000年12月竣工。

**451**

珠江电厂水上埋管

# 竞争海外大市场

上海建工的海外工程建设始于20世纪50年代末，从国家委派的援建，到与中建总公司合作的参建，再到独立的海外市场项目开拓，足迹遍布亚洲、非洲、拉丁美洲与加勒比海地区，以及北美、欧洲、南太平洋地区等59个国家和地区，承建各类工程项目约200余项，包括大型工业建筑、高级民用建筑、文化体育设施、园林建筑、路桥、港口等。同时，受国家委托，先后为有关国家培训各类工程技术人才558名。

## 海外援建

1959年—1965年，上海建工根据建筑工程部等的安排，先后派出数十名工程技术人员参加了我国政府对蒙古、阿尔巴尼亚、越南、印尼和马里等国家援建工程的建设。1965年4月，上海建工承接了我国援助加纳的棉纺厂和铅笔厂的工程建设，工程因加纳政局变化于1966年2月中止。1966年起，上海建工先后参加了13项援助坦桑尼亚的工业和民用工程。1971年起的历时7年间，上海建工先后派出149名土建和安装等工程技术人员，承担援助阿尔巴尼亚的土建施工技术指导，工程建筑面积达60万平方米。同期，上海建工又承担了对苏丹的多项援建工程。

**453 / 454 / 455 / 456**

上海建工承建的坦桑尼亚、阿尔巴尼亚等国的工业和民用工程
图453为援阿尔巴尼亚专家组成员与阿方人员留影
图454为支援加纳纺织厂专家组成员留影
图455为1969年8月竣工的援桑给巴尔体育场全景
图456为1968年1月竣工的援桑给巴尔皮革皮鞋厂

**457 / 458**

上海建工承建的苏丹友谊厅工程，1976年5月竣工，建筑面积24700平方米。
图457为苏丹成衣厂
图458为苏丹友谊厅

453

454

455

456

457

458

## 海外合作

20世纪80年代至90年代初,上海建工通过与中建总公司合作,在非洲和拉丁美洲承建了更多的工程项目,如埃及开罗国际会议中心、苏丹西部农科站、苏丹成衣厂、科摩罗人民大厦、科摩罗政府办公楼以及苏里南体育馆、巴巴多斯公共教育学院和培训中心、巴巴多斯文化中心等。其中,埃及开罗国际会议中心项目,建筑面积58000平方米,738名上海建工工程技术人员参加建设,1986年1月1日开工,3月19日由时任中国国家主席李先念和埃及总统穆巴拉克为项目奠基,1989年12月19日时任中国国家主席杨尚昆和埃及总统穆巴拉克出席中心落成剪彩仪式。同年,埃及政府授予我工程项目技术组组长和总建筑师一级军事勋章;我国对外经贸部授予我工程项目技术组"全国对外经贸战线先进集体"荣誉称号。

459

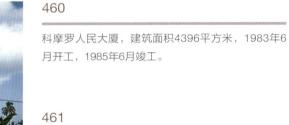

**459**
埃及开罗国际会议中心,建筑面积58000平方米,1986年1月开工,1989年6月竣工。

**460**
科摩罗人民大厦,建筑面积4396平方米,1983年6月开工,1985年6月竣工。

**461**
科摩罗政府办公楼,建筑面积2104平方米,1986年12月开工,1987年12月竣工。

**462**
苏里南体育馆,建筑面积8130平方米,1985年10月开工,1987年4月竣工。

**463**
巴巴多斯公共教育学院

**464**
巴巴多斯文化中心,建筑面积7414平方米。1993年8月开工,1994年2月竣工移交。

# 海外开拓

1994年起，上海建工集团获得了国家授予的独立对外业务经营权，海外市场的开拓力度因此进一步加大，包括我国驻外使领馆工程的建设、海外土木工程项目的建设，以及海外工业、房地产投资经营。工程涉及的国家主要有：美国、新加坡、毛里塔尼亚、孟加拉、柬埔寨、越南、加纳、埃塞俄比亚、巴基斯坦、苏丹等；主要项目类型包括：大型会议中心、体育场馆、大型立交桥、公路及大桥、驻外使领馆等。近年来，随着队伍的强强联合，上海建工的海外业务得到了进一步的拓展。2004年上海园林集团公司并入上海建工，先后在德国、法国、比利时和我国台湾地区承接了多项中国园林的设计和建造项目。2009年上海外经集团并入上海建工，分别在蒙古、秘鲁、印尼、土耳其等国家承建了多个热电厂、水电站等大型工程项目，并于2012年收购了厄立特里亚的扎拉矿业公司，标志着上海建工开始涉足非洲矿产资源业务。经营方式发展为使领馆项目、对外援助项目、国家"双优"（优惠贷款和优惠买方信贷）项目、国际承包项目、海外项目投资等并举，大大提升了上海建工海外市场拓展的能力。

### 465 / 466

孟加拉国际会议中心，建筑面积19944平方米，多功能大型会议中心可容纳席位1672座。项目于2000年3月开工，2001年7月竣工移交。荣获孟加拉国政府"莲花奖"，荣获中国对外援助成套项目优质施工奖。

### 467

巴基斯坦巴中友谊中心，位于巴基斯坦首都伊斯兰堡，占地面积52642平方米，建筑面积21360平方米，集会议、展览、文艺演出、餐饮住宿为一体，是中巴两国建交60周年的标志性建筑。项目2008年11月26日开工，2010年8月18日竣工，时任总理温家宝和吉拉尼亲自为项目揭牌，项目荣获中国境外工程鲁班奖。

466

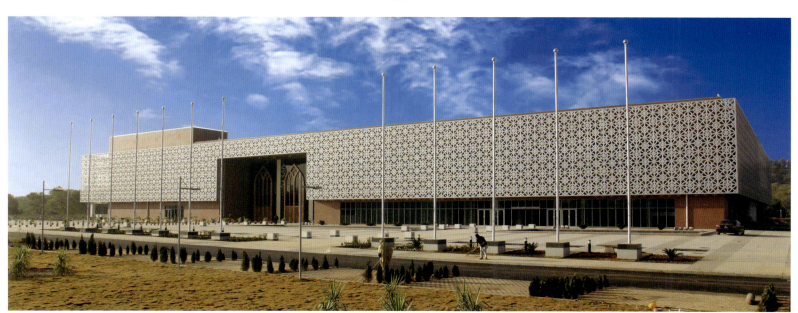

467

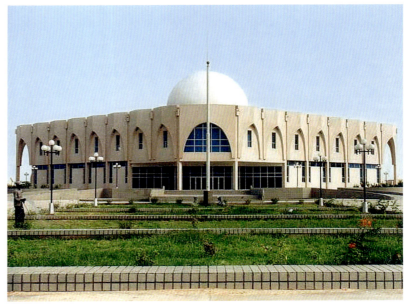

468

贝宁科托努会议大厦，总建筑面积约10053平方米，项目于2001年7月开工，2002年12月竣工移交。

469

毛里塔尼亚国际会议中心，建筑面积8281平方米，1994年6月30日开工，1996年3月竣工。

470

苏丹新国际会议中心，坐落于苏丹首都喀土穆，总建筑面积8773平方米。项目主会议厅2515平方米，还包括有宴会厅、贵宾厅、多个小会议厅及相应的辅助用房和配套设施。2003年3月开工，2004年8月竣工移交。荣获中国对外援助成套项目优质施工奖。

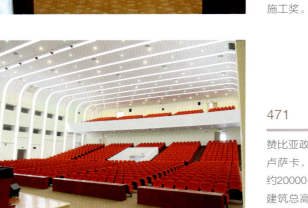

471

赞比亚政府综合办公楼，位于赞比亚首都卢萨卡，占地面积9.1公顷，建筑总面积约20000平方米。建筑物层数为地上4层。建筑总高度24米。2010年3月1日开工，2011年8月竣工移交。

472

马拉维国际会议中心及配套酒店，位于马拉维首都利隆圭，是两国建交后的首个重大工程，由中国政府优惠贷款，上海建工EPC总承包，建筑面积3.8万平方米，由一个1500座的国际会议中心、一个大宴会厅、一幢五星级宾馆组成。2010年5月1日开工，2012年6月25日竣工移交。

### 473

特立尼达和多巴哥国家演艺中心，项目坐落于特多首都西班牙港，建筑面积约36000平方米。设计造型优美，体现了该国独特的多元文化传统风格，被誉为加勒比海明珠。2007年4月7日开工，2009年11月9日竣工移交。

473

### 474

特立尼达和多巴哥圣费尔南多国家演艺中心，项目坐落于特多第二大城市圣费尔南多，占地面积为28026平方米，建筑面积约11000平方米。地下1层，地上4层。主要由1000座剧场、多功能演奏厅、演艺学院、宾馆等组成。2008年1月开工，2011年12月竣工移交。

474

### 475

萨摩亚政府综合办公楼，位于萨摩亚首都阿皮亚，建筑面积2万多平方米，包括一座L形6层综合办公楼和一座八角形2层国际会议中心。2009年8月18日开工，2011年4月18日竣工移交，荣获中国境外工程国优奖、萨摩亚国家卓越工程奖。

475

### 476

多米尼克大学城和国宾馆，位于多米尼克首都罗索，总建筑面积约24000平方米。其中，大学城包括多功能教学楼、图书馆、礼堂、住宅楼等，国宾馆包括总统办公室、官邸和选举房。2011年5月27日开工，2013年5月竣工。

476

### 477

萨摩亚国家医疗中心，位于萨摩亚首都阿皮亚，分两期实施。一期建筑面积11000平方米，二期建筑面积13800平方米，包括病房楼、医技楼、设备楼、门诊楼、后勤楼、康复楼等。2010年9月16日开工，一期已完工，二期预计2014年6月全部竣工。

477

478

479

**478**
中国驻美国纽约总领事馆，总建筑面积约34000平方米。2000年11月开工，2003年12月竣工移交，荣获外交部优良工程。

**479**
中国驻新加坡大使馆，占地面积12000平方米，建筑面积14000多平方米，由办公楼、签证与商务楼、大使官邸以及七个功能各异的单体建筑组成。1999年12月开工，2002年竣工移交。

480

**480**
中国驻美国大使馆新馆，占地面积为10760平方米，建筑面积约4万平方米。由美籍华人建筑师贝聿铭及贝氏建筑事务所负责设计。2005年4月22日开工，2008年12月20日竣工移交。

481

**481**
俄罗斯波罗的海明珠项目，项目位于圣彼得堡，地处中心城区和滨海旅游区结合部，总占地约208.43公顷。规划中包括商业广场、宾馆、住宅楼、学校以及各种配套的娱乐和服务设施，建成后将成为以旅游、商务为核心的现代化综合性社区。该项目会所于2005年6月9日开工，2007年6月竣工移交。

482

**482**
澳门银河娱乐度假城，位于澳门氹仔，是集休闲、娱乐、住宿、餐饮为一体的超大型综合度假城，总建筑面积55万平方米，由两个五星级酒店和一个娱乐场组成，两座塔楼高27层。2006年4月4日开工，2011年5月15日开业。

483

484

486

487

488

483

巴基斯坦瓜达尔港，项目包括建设3个深水多用途泊位，主码头结构按5万吨级设计，总长602米，工作船泊位一个，长100米，码头陆域纵深800米。三个泊位设计吞吐量为每年10万标准集装箱。2003年3月开工，2007年4月30日竣工移交。

484

埃塞俄比亚格特拉立交桥，是中国援非第一座全互通式立交桥，位于埃塞俄比亚首都亚的斯亚贝巴市南部，是通往非盟总部的交通要道，道路总长8128米，桥梁总长1087米，其中主线桥梁为双向四车道，匝道及辅道为单向行车道，桥梁为全现浇混凝土结构。2007年6月28日开工，2009年5月1日竣工通车，荣获中国境外工程鲁班奖。

485

柬埔寨国家七号公路，全长186公里，其中的西公河大桥全长1057米。2004年12月开工，2007年12月竣工。

486

柬埔寨金边港集装箱码头，项目位于金边以南21公里的湄公河畔，占地10公顷，码头长300米、宽22米，有两个5000吨级货轮泊位，三座30米长接岸栈桥，以及营运办公楼和相关配套设施，设计年集装箱吞吐量为12万标准箱。项目于2011年3月9日开工，2013年1月22日竣工启用。

487

柬埔寨湄公河大桥，全长1066米。2007年12月1日开工，2010年7月21日竣工通车。

488

柬埔寨洞里萨河大桥，全长981米。2007年12月15日开工，2010年4月10日竣工通车。

489

### 489

加纳体育场，项目由两座2万人多功能现代化大型体育场组成，分别位于加纳南北两大城市的赛康迪和塔马利，由上海建工EPC国际总承包，每座体育场占地面积10150平方米，建筑面积22000平方米。2006年1月30日开工，2007年10月31日竣工移交，成功举办了2008年非洲杯足球赛。

491

### 491

几内亚五万人体育场，位于几内亚首都科纳克里，占地面积239610平方米，建筑面积34011平方米，座位数50036座，是非洲地区为数不多的大型综合体育场。2007年11月9日开工，2011年8月28日竣工移交，荣获中国境外工程鲁班奖。

490

### 490

加蓬四万人体育场，位于加蓬首都利伯维尔，占地33万平方米，建筑面积36000平方米，钢结构跨度320米，设观众席4万座。2010年1月23日开工，2011年10月31日竣工，2012年成功举办了第28届非洲杯足球赛。

### 492

越南国家体育场，占地面积55000平方米，建筑面积45000平方米，可容纳4万观众。2001年9月开工，2004年8月竣工。

492

493 / 494 / 495 / 496

上海建工承建的海外园林工程

图493为比利时天堂鸟

图494为英国利物浦中国城牌楼

图495为法国马赛上海园

图496为加拿大蒙特利尔梦湖园

493

494

495

496

498

499

497

**497**

美国纽约富顿二号（上海建工广场）项目。由上海建工美国公司与美国富顿集团合作开发，占地面积1.38万平方米，建筑面积9.3万平方米，将建设成为一个集酒店、娱乐、餐饮、休闲、观光及社区服务为一体的多元化综合商业广场。

**498／499**

厄立特里亚金矿项目，经权威专业机构探明，厄立特里亚科卡金矿拥有23.6吨黄金储量。由中厄合资（外经集团60％股权、厄立特里亚矿业公司40％股权）的扎拉矿业公司，持有科卡金矿采矿权证和扎拉矿区探矿权证。目前，扎拉矿业公司运营和科卡金矿建设已全面启动。在今后的7—9年中，将完成科卡金矿的建设、开采和销售。其中，外经集团承担金矿建设总承包，同时参与黄金开采和扎拉矿业公司运营。

500

**500**

荷兰欧华城，位于荷兰鹿特丹市，建筑面积10万平方米，将建成集高级酒店、公寓住宅、中式庭院广场、商贸购物和办公展览为一体的现代化建筑群，分五期开发，目前进行的一期包括两栋沿江综合楼，建筑面积3.6万平方米，西楼为11层公寓楼，东楼为9层四星级酒店。

## 上海建工海外发展分布图
### Diagram of Overseas Projects SCG

501

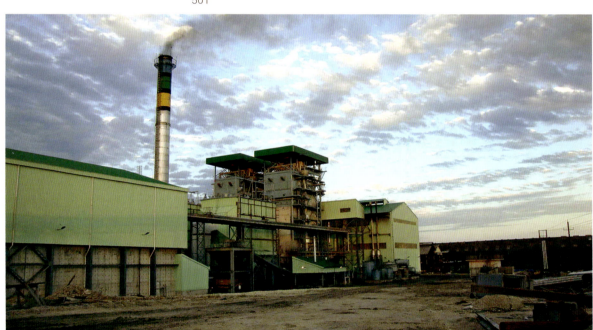

502

**502**

伯利兹生物能发电厂，装机容量31.5兆瓦，是利用当地制糖的蔗渣废料进行发电的环保项目。2008年1月开工，2009年12月24日投产发电。

**503**

蒙古国都日根水电站，总装机容量12兆瓦，由三台4兆瓦水轮发电机组成。2004年6月开工，2009年11月通过蒙古国家验收，2010年1月启用。

**504**

厄立特里亚机械设备出口项目，2011年4月至12月，向厄国出口价值1亿美元、共计1900多台（套）机械设备。

503

504

## 援外培训

上海建工从1961年起开始承担作为我国政府对外援助组成部分之一的援外培训工作,涉及国家67个,培训对象558名,包括上海水泥厂培训的5名柬埔寨煤磨机实习生,上海市建二公司培训的4名坦桑尼亚的建筑工程师,上海机械施工公司为越南培训的199名机械修理工、直流电工和99名履带起重机操作工,上海工业设备安装公司培训的40名越南安装钳工。2008年起,上海建工承担了六期由商务部主办的建筑施工技术和项目管理研修班,为亚洲、非洲、拉丁美洲、加勒比海地区、大洋洲和欧洲的64个国家培训了211名学员。

505

培训班学员们听取教师答疑,交流学习体会。

506

培训班学员们认真听讲

507

培训班学员参观建设中的世博会中国馆

508

培训班学员参观建设中的洋山港

509

在培训班结业典礼上,学员们和办班人员同唱"四海一家"。

# 发展设计与咨询

1953年1月,上海市建筑工程局生产技术处成立设计科,为上海建工最早的设计机构。1955年2月,成立上海市建筑设计公司。1956年5月,改为独立编制的上海市民用建筑设计院,并划归上海市人民委员会市政建设交通办公室管理。1970年,上海市工业建筑设计院、上海市勘察院等由国家建委划归上海市建工局管理,1977年划出。

1979年1月,经上海市科学技术委员会批准,同意上海市建筑工程局成立上海市建筑施工技术研究所,研究所设有设计研究室,除完成建工系统内需设计任务,还面向社会承接设计项目。1987年,设计室和勘察测量队融合,成立初具规模的上海市建筑工程管理局勘察设计所,业务上开始介入技术难度较高的大型工程项目深化设计,并为自身原创设计拓展思路、积累经验。1993年3月,上海市建筑施工技术研究所更名为"上海市建工设计研究院",下设7个分所、1个方案创作中心,从业人员增至200余名,其中设计人员占比87%,其业务开始全面转向工程项目设计,并于1996年3月获建筑设计甲级和装饰设计一级资质。

510

511

513

514

512

515

516

510／511／513／514

建工设计院设计的项目

512

建工设计院大楼

515／516

批准成立建工设计院的文件和资质证书

进入21世纪，上海建工的设计咨询业发展较快，集团所属上海市建筑装饰工程公司、上海市安装工程有限公司，以及建工一建、二建、四建、五建、七建和基础公司、建工学校等，均成立了专业的设计研究室。2004年7月上海市园林设计院、2010年9月上海市市政工程设计研究总院的先后加盟，使上海建工的设计能级如虎添翼，其设计业务涵盖市政工程、房屋建筑、园林景观、机电安装等多个领域，目前，上海建工下辖设计咨询企业近十家，从业人数达6000多名，并拥有中国工程院院士、国家级勘察设计大师多名，为提升上海建工总承包、总集成能力提供了坚实的支撑，成为上海建工新的经济增长点。

517

518

519

520

521

522

523

524

525

**517**

市政设计总院大楼

**518**

市政设计总院资质证书

**519 / 520 / 521 / 522 / 523 / 524 / 525**

市政设计总院设计的项目和设计师们在工作

526

526

园林设计院资质证书

527

园林设计院大楼

528 / 529 / 530 / 531

园林设计院设计的项目

528

529

530

531

## 教育医疗文化事业

上海市建工局成立初期，通过接收、创办、改建等多种途径成立了专业的教育、医疗和新闻机构。这些单位承担了建工系统的人员培训、干部教育、学历教育、医疗保健、文化宣传等任务。同时也逐步对行业及社区开放，提供服务。上海建工系统的教育医疗文化事业发展较快，特别是改革开放以来，积极探索自我发展之路，实行企业主办，接受政府的业务管理。在经济上试行自收自支为主，管理上借鉴企业办法，增强了自身活力。2006年，集团成立了教育卫生中心，整合、优化了学校和医院的资源。

532

533

532 / 533

上海建峰职业技术学院，位于漠河路800号，是经地方政府和教育部批准成立的、由上海建工集团投资管理的全日制公办高等院校。有280多名专兼职教师。学校建筑面积10万平方米。1998年在原建工局技校基础上创办，并很快列入全国统一的高校招生计划中。学校创办10多年来，培养输送了近千名大专毕业生，大部分在建筑行业就业，不少人成为城乡建设事业岗位上的高级管理人才。学校开办了建筑业、社会需求的专业27个，特色的专业有：土木工程系、机电工程系、环境艺术系、工程管理系以及会计学、护理学、外经外贸专业等。在教学过程中，学院建立了一整套课堂教学、企业培训以及与社会活动互动提高的制度。近年来，学校还接受商务部的委托，为发展中国家培养工程管理人才200多人。图532为建峰学院校门。图533为办校初期的校门。（图533为校区原貌）

534

535

534

建峰学院教学情景

535

建峰学院校园

536

### 536／537

上海市建筑工程学校,位于龙吴路4989号。1960年8月成立,是国家级重点专业学校,是教育部、建设部定点的行业紧缺型人才培养基地,现有教职员工130多人。学校创办50多年来,为市内外培养、输送了6万多名中等专业人才 其中,大部分从事建筑业,不少担任工程项目负责人,担任企业领导、管理和技术骨干。学校的特色专业有"工业与民用建筑"、"工程造价"、"建筑机械"、"建筑装潢"、"项目管理"等,有较强的实用性。学校建筑面积4.5万平方米,教学用房、学员宿舍、科研、实习等设施齐全。

537

538　　　　　　　　　　　539　　　　　　　　　　　540

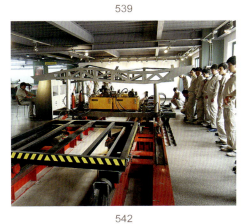

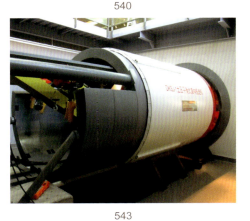

541　　　　　　　　　　　542　　　　　　　　　　　543

### 538／539／540

学校图书馆及教室

### 541／542／543

学校设有设备完善、符合工程建设实际的实训基地

544

545

546

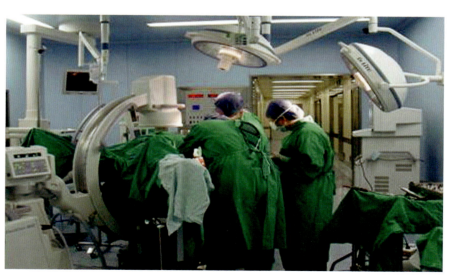

547

### 544

上海建工医院，1953年在接收的两家私营医院基础上建立。建立初期，是为建筑行业职工提供医疗保健服务的职工医院。随着多年来的发展，已经成为对行业、社会全面开放的二级甲等综合性医院。目前有医疗床位400张，护理院床位230张，养老院床位230张。2010年门急诊量30万人次，体检业务量5万人次。医院有医护人员400多人，主要医疗护理设备总数460多台。60年来，建工医院在建筑行业常见病防治和社区常见病防治方面形成的特色专科有：创伤骨科、中医伤科、呼吸科、普外科、消化科、心血管科、肾脏科、眼科等。建工医院还出色地完成了地震、疫情暴发以及工伤事故的人员抢救和治疗任务。

### 545

建院初期部分职工合影

### 546

养老院

### 547

医院内现代化的手术室

《建筑时报》，创刊于1954年5月，曾用名"建筑工人报"、"建工通讯"等。1989年正式批准全国公开发行。1994年改由建设部、中国建筑业协会与上海建工集团合办。报纸为周二刊，每期对开8版。报社举办的21世纪中国建筑企业家论坛、中美合作ENR中国设计企业与承包商双60强评比、青年建筑师作品展等活动在行业内外有较大的影响。报纸有电子版可供网上阅读。

## 历史保护建筑修缮

上海近代优秀建筑是上海城市发展不可复制的历史标志，承载着宝贵的历史文化信息，上海建工遵循国际保护标准和国家历史建筑保护规范，通过传统工艺和现代技术的融合，对各种风格的历史保护建筑进行了修缮。

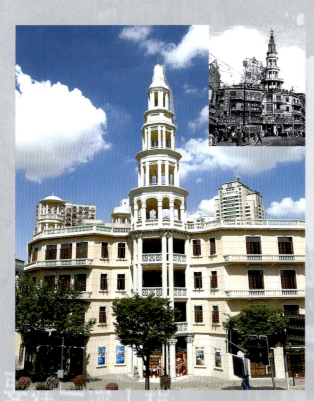

上海大世界游乐场，建于1917年，1924年重建（右上图），2008年进行保护性修缮。

中山东一路2号(东风饭店，原英商上海总会)，建于1909年，2009年进行保护性修缮。

# 第5章
## 与时俱进的创新技术

ADVANCE WITH THE TIMES AND
TECHNOLOGICAL INNOVATION

　　创新,是一个企业发展的动力之源,技术创新是企业保持竞争优势之本。面临新时期世界范围内的技术革新浪潮、国家和地方投资结构的调整、工程建设行业标准的深刻变化等种种挑战,上海建工瞄准世界工程建设技术的前沿,不断创建和完善企业技术创新的研发体系,集聚五湖四海的优秀技术人才,依靠严格苛求的科学态度和攻坚克难的攻关实践,攻克了一系列工程建设中的难题,形成了一大批具有国际或国内先进水平的成套技术以及引领行业的专利、标准、工法等,成为上海建工搏击市场的核心竞争力。

# 高空揽胜

20世纪70年代，为适应上海城市建设需要，提高建筑施工速度，解决劳动力紧缺矛盾，上海建工的科技人员通过技术攻关，形成了以滑模为主的高层建筑结构施工技术。

20世纪80年代，随着上海高层建筑的大量兴建，上海建工又成功开发了桩基和基坑支护等深基础配套施工技术；研发并广泛应用先进的现浇钢筋混凝土成套技术，成功实现了混凝土集中搅拌和商品化供应。同时，结构支模、滑模技术快速发展，台模、飞模、筒子模等应用技术日趋成熟，各具特色的模板工艺得到综合应用，并实现了整体升层施工。

20世纪90年代，随着浦东的开发开放，上海建工的多项成套施工技术开始追赶国内外先进水平。一次泵送混凝土高度、大体积混凝土一次连续浇捣总量和基础厚度等多项高层建筑施工技术突破历史记录。深基础施工综合技术取得重大进展：通过应用软土地基深基坑支护新技术，中心城基坑开挖深度达20米以上，基坑支护形式由20世纪80年代的钢板桩、钢支撑为主，发展为水泥土搅拌桩重力坝、钻孔灌注桩或地下连续墙板式支护，以及支护体系和永久结构相结合、逆作法等多种支护形式。高层钢结构安装高度、总安装吨位不断刷新纪录，还采用了钢绞线承载液压千斤顶集群同步提升、离地369.5米高空双机台吊安装塔尖等超高层钢结构安装新技术。

548

早期打桩船正在定位

549

钢管打入桩在施工

550

超深大口径钻孔灌注桩在施工

进入21世纪，上海建工成功开发钻孔灌注桩桩底与桩侧后注浆施工工艺，φ1200大直径钻孔灌注桩极限承载力达到3000吨；进一步发展了结构框架逆作法、踏步式结构逆作法、双向同步逆作法等施工技术；自主研制了深基坑自适应支撑系统及设备。同时，高性能混凝土研制及应用技术更趋成熟；大体积混凝土一次连续浇捣创6万立方米历史新纪录；超高泵送混凝土施工创一次泵送高度492米的新纪录；超高层建筑整体自升式钢平台模板脚手系统进一步完善；液压自动爬升模板系统实现工程化应用。

随着国家和上海城市建设的快速发展，特别是上海"四个中心"建设，以及2010年上海世博会等重大活动的举办，上海建工在技术领域再次取得新的成绩，形成了大型地下空间、大跨度钢结构以及大面积清水混凝土和超长预应力结构安装等成套施工技术。

551　钢管支护系统

552　混凝土支护系统

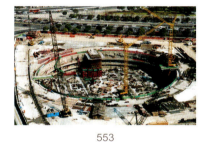

553　圆形混凝土支护系统

554　大体积混凝土一次连续浇铸

555　超深地下连续墙在施工

556　虹桥综合交通枢纽超大规模深基坑施工

557

557 广州塔钢平台模板高空拆卸组合技术

558

558 东方明珠广播电视塔350米塔柱模板整体提升技术

559

559 上海中心大厦核心筒液压自动爬升模板系统在施工

560

560 金茂大厦核心筒整体自升式钢平台模板施工

经过二十多年的发展，上海建工逐步形成了超高层钢结构、高耸塔桅钢结构、大跨度钢结构、复杂空间钢结构、可开启钢结构、索膜结构；开发了折叠展开提升、整体顶推、旋转顶推等钢结构整体安装的新技术、新装备等系列配套、具有特色的成套施工技术。包括东方明珠电视塔钢桅杆长距离提升安装工艺，上海大剧院大悬挑钢屋盖整体提升安装工艺，浦东国际机场T1航站楼区段累积平移安装工艺，北京国家大剧院特大型椭球钢壳体以平代曲三维测量技术，铁路南站大直径钢屋盖旋转龙门吊安装工艺，广州电视塔异形钢塔三维预变形技术和特种高强钢材高空焊接技术，以及世博轴阳光谷多杆汇交复杂节点的机器人辅助无纸化生产技术等。20世纪90年代，上海建工率先在建筑施工领域运用计算机控制液压提升整体安装技术，目前这项技术已经从垂直提升、水平牵引发展到矩阵式顶推、曲线顶推等高难度复杂工况下的实施应用。

561

金茂大厦离地369.5米高空双机台吊安装塔尖技术

562

上海中心大厦钢结构吊装

563

大型结构整体安装工程数字化控制技术

564

东方明珠广播电视塔工程，450吨重、118米天线桅杆的整体提升技术。

565

新锦江大酒店全钢结构安装

566

广州塔钢结构安装和天线桅杆整体提升技术

第5章　与时俱进的创新技术

567

568

569

**567**

上海大剧院6075吨钢屋盖整体提升技术

**568／569**

浦东国际机场一期、二期航站楼钢屋盖安装技术

**570**

北京国家大剧院大跨度空间的钢结构安装施工控制技术

570

**571**

虹桥综合交通枢纽钢结构吊装技术

**572**

上海旗忠网球中心旋转开启式钢屋盖累积滑移旋转顶推安装技术

**573**

上海铁路南站直径278米特大跨圆形屋盖安装难题的钢结构旋转吊装技术

**574**

世博轴阳光谷钢结构安装和节点加工机器人技术

571

572

573

574

20世纪五六十年代,为了适应钢铁、化工企业大型设备的安装,上海建工的能工巧匠"土法上马",运用钢桅杆和卷扬机把几十吨重的设备安装到指定位置。随着现代工业设备结构的变化和信息技术的新要求,上海建工不仅形成运用现代机械设备安装大型化工装置、大型设备的成套技术,还具备现代化楼宇和大型公共设施的机电安装、信息系统集成等成套技术,成为上海建工总承包、总集成的重要组成部分。

**575**
石化设备吊装

**576**
智能建筑系统综合集成技术

**577**
同步辐射装置高精度安装技术

**578**
我国化工设备最大分离塔(重量达1900多吨,采用提升吊移抬送的吊装方法一次成功吊装就位)。

575

576

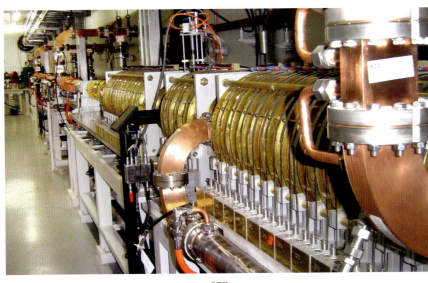
577

578

# 跨江过海

桥梁技术，是中华民族的传统营造技艺，也是国内外发展较快的施工技术。上海建工多年来不断整合企业内部桥梁施工的能力资源，不断提升自主研发的技术和装备水平，实现了时代的跨越。早在20世纪50年代至80年代，上海建工就以擅长建造各类大中型梁式桥、拱桥、钢构桥、斜拉桥等闻名国内。随着时间的推移，上海建工的建桥技艺与时俱进、蜚声海内。

进入20世纪90年代，上海建工以承建南浦大桥、杨浦大桥为契机，攻克了诸多世界级斜拉桥施工的技术与工艺难题。在大桥主塔的基础施工中，实行"内散外蓄法"一次性连续不分层浇筑，用以防止内外温差引发的混凝土开裂；配置智能温度巡回系统，实现热电偶测温信息化施工。在大桥主塔上部施工中，不仅攻克了斜爬模斜向转直连续爬升的难题，还通过革新，形成了达到同期国际先进水平的大桥塔身系列化提模（爬模）体系及施工工艺。在大桥桥面施工中，研制出大型桥面起重机，并对88HC型塔机进行多项技术改造，最大起重量升至5.5吨，成功实现了215米超高垂直运输。同时，采用桥面吊机前置法，避免繁琐的临时与永久桥面斜拉索的置换；实行桥面吊机不固定行走安装，创造了两岸跨用千斤顶强制合龙、河面中央温控自然合龙新工艺。

20世纪90年代末，上海建工承建江阴长江大桥和重庆鹅公岩大桥，丰富了大型悬索桥成套施工技术，包括：软土地层超大沉井施工、大型塔吊安装、"猫道"施工、主缆施工（PPWS法），以及桥面结构安装等多项核心技术，为集团开拓未来市场打下了坚实的基础。

21世纪初，上海建工综合应用斜拉桥、钢拱桥和悬索桥施工技术，攻克了大跨度、高精度、高难度等复杂性施工难题，成功建造了世界第一跨度的全焊接钢结构拱桥——上海卢浦大桥。2002年，上海建工又在中国第一座外海跨海桥——东海大桥主通航孔施工中，开发了具有自主知识产权的海上蜂窝状浮箱工法，将桩基和承台施工设施合二为一，并成功地在水中一次浇捣8000立方米混凝土。

## 斜拉桥

**579**
东海大桥主墩承台混凝土浇筑

**580**
东海大桥导管架安装

**581**
东海大桥吊装

**582**
东海大桥5000平方米海上施工平台

580

581

582

**583**

东海大桥主通航孔合龙前

**584**

东海大桥主桥墩混凝土浇筑

**585**

南浦大桥倾斜柱体上的爬模施工工艺

583

584

585

## 悬索桥

586 / 587 / 588 / 589 / 590

江阴长江大桥施工技术

586

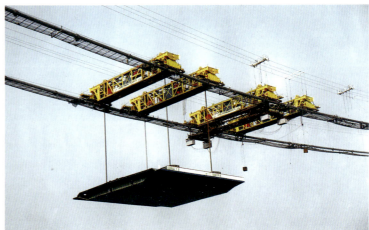
587

588

589

590

## 钢拱桥

591

591／592／593

卢浦大桥桥拱施工

592

593

## 连续梁桥

594

594

沪崇大桥架桥机施工

595

崇启大桥挂篮悬臂施工

# 磁浮工程

上海磁浮快速列车示范运营线工程西起地铁2号线龙阳路站、东至浦东国际机场，正线全长约30公里，为双线折返运行，设两个车站，两个牵引变电站、一个运行控制中心。设计最高时速为430公里。该工程引进德国常导磁浮先进技术，于2001年3月1日开工，2002年12月基本建成试运行，为世界上第一条高速磁浮列车商业运行线。

上海建工集团承担了磁浮轨道梁制梁基地的设计建造任务，50%以上轨道梁制作和机加工，80%的主线施工和龙阳路车站、维修基地、变电站等施工任务，主线系统设备安装全部任务和部分维修专用道路施工任务。经集团各参建单位共同努力，在确保质量的前提下加快施工进度，高标准、高质量、安全文明地如期完成全部施工任务。建工集团在磁浮示范线工程中攻克了多项世界级施工难题，多项施工技术达到国内领先水平和国际先进水平，先后获得2003年上海市科技进步一等奖和2006年国家科技进步二等奖。

596
轨道梁吊装

597

597
轨道梁机加工

598
工程沿线电缆敷设

599
磁浮列车维修基地

600
在主线进行自动敷设定子线圈

601
沿线混凝土立柱施工

599

600

601

# 地下攻坚

城市地下空间施工技术是近年来迅速发展起来的新技术。上海建工瞄准这一技术的前沿课题，做好技术储备、人才储备，大胆实践，不断总结，完善规范，在多项施工项目上取得了成功，积累了宝贵的经验。

2004年，上海建工与国外企业合作，研发成功我国首台遥控式大截面矩形盾构可变截面矩形隧道掘进机，此后，又自主研制出软土大断面人车兼容、顶盾合一矩形隧道掘进设备，均在上海地铁建设中首次运用。结合地铁架设新工法的发展趋势，上海建工通过产学研协同攻关，积极进行新型双圆盾构成套施工技术研究，并在上海地铁6号线11标民生路——源深体育中心站——世纪大道站区获得成功应用，该技术荣获2007年上海市科技进步三等奖。上海建工还开发出具有自主知识产权的现代气压沉箱技术体系和现代大深度可遥控气压沉箱工艺技术。2010年，依托上海地铁7号和10号线工程，成功开发盾构穿越在用桥梁异形基础托换施工工法；在越江隧道建设领域，上海建工依托上海人民路和龙耀路越江隧道工程，成功开发包括大断面泥水平衡盾构法隧道近距推进和浅覆土推进安全控制、都市核心区泥水处理系统环境控制等多项核心技术，总体达国际先进水平。

## 盾构

602

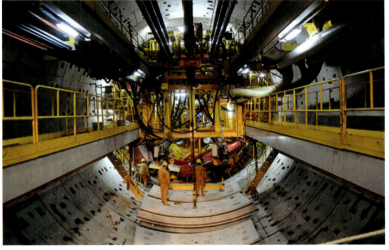

603

604

602
隧道施工

603
盾构管片拼装

604
隧道贯通盾构进洞

城市功能不断发展，地下建筑施工难度日益增大，为此，上海建工研发了城市越江隧道保护区深基坑施工控制、新型地下连续桩墙围护体系、新型群坑叠加效应控制等一系列城市核心区复杂环境条件下的地下工程施工成套技术，并在上海外滩综合改造工程中成功应用，总体技术达国际先进水平。在上海人民广场轨交枢纽工程施工中，上海建工造性地形成了多项大型交通枢纽综合施工技术，包括：地铁车站单侧卸载变形控制技术、运营地铁隧道上方大面积卸载技术、运营地铁站结构大面积微损开洞技术。这些综合技术不仅国内领先，而且部分达到了国际先进水平。

在承担世博会配套工程——500千伏大容量全地下变电站工程中，上海建工成功开发了"500千伏地下输变电设施逆作法施工成套专项技术"。其中，"抓铣结合"的地下连续墙成槽施工技术、超深钻孔灌注桩桩侧注浆施工技术、超深地下空间逆作法施工升降装置、基坑工程水资源循环利用系统等多项获得发明专利。此外，上海建工自主研发的一柱一桩智能调垂装置，还成功破解了超深基坑逆作法施工中超长临时支撑立柱的垂直度控制难题，并荣获"地下建（构）筑物逆作法施工工法"国家级工法（一级）称号。

605

双圆盾构成功出洞

## 顶管

606

607

608

609

**606** 龙阳路电力隧道

**607** 顶管施工

**608** 黄浦江上游引水一期工程顶管

**609** 隧道弯道施工测量

# 特种技术

特种施工技术表明一个企业能在各种领域承担各类工程，是企业综合能力的体现。上海建工从20世纪六七十年代以来，以特种施工工艺，成功完成了大量特种工程设计、施工任务，包括大型港口、码头、船坞、水下线缆和管道，以及大型设施的拆卸、纠偏与加固工程。

## 港口、码头、船坞特种施工技术

通过对传统强夯法施工工艺的优化，上海建工曾成功开发出具有国际先进水平的降水（塑料排水板、井点降水和真空降水等）联合低能量强夯法施工技术，并在上海芦潮港大面积地基处理等工程中得到广泛应用。2000年，结合上海船厂2号船坞改扩建工程施工，在国内首创了具有国际先进水平的临时内围堰挡水、坞口重力式钢浮箱整体沉放新技术，破解了狭小环境不断航船坞施工质量保障难题。2005年，在中船长兴造船基地施工中，开发了大型水工构筑物施工工艺及成套技术，并创出国内同类大型工程建设速度的新纪录。

610

611

**610**

上海建工成功采用临时内围堰挡水、坞口重力式钢浮箱整体沉放新工艺建设的上海船厂2号船坞改扩建工程。上图为上海船厂1号船坞工程，下图为上海船厂2号船坞工程。

**611**

上海建工成功采用真空降水联合低能量强夯法施工的芦潮港大面积地基处理工程。图为上海芦潮港铁路集装箱中心站。

612

613

**612 / 613**

上海建工采用自主开发的大型水工构筑物施工工艺及成套技术建设的中船长兴造船基地。图612为中船长兴岛造船基地船坞二程，图613为中船长兴岛造船基地。

## 水下线缆施工技术

1966年,上海建工开始涉足水下管线施工,其精湛技艺自当年黄浦江过江电缆的直接敷设、先敷后埋,逐步向边敷边埋、成套成系演进。1997年,上海建工边敷边埋的深圳——珠海光缆施工中,成功开发出水力喷射型埋设机,并将DGPS全球定位及相应精准量测系统成功应用其中,实现了光缆的高精度埋设。与此同时,水下管线施工水域扩大到了1.5—50米水深的浅海、江河、湖泊,海缆埋设深度及导体截面也越来越大。2001年,上海建工把优化后的大直径海底电缆施工技术应用于"岳阳洞庭湖110千伏水下电缆敷埋工程",成功破解了世界上最大直径的XLPE水下电缆(3芯共缆,单芯截面400平方毫米)的施工技术难题,各项技术均达国际先进水平。

614

615

616

**614／615／616**

图614为珠海至深圳海底通信光缆敷设工程
图615为海底电缆敷设施工船
图616为光电缆敷埋施工船

617

618

**617／618**

图617为为水下敷缆,图618为海底光电缆登陆施工。

## 水下管道施工技术

为适应现代水下管道敷埋施工需要，上海建工依托舟山引水工程跨海段钢管敷设工程，开发了大口径薄壁管道浅海敷设施工技术，自行研制成我国第一艘大型浅海敷管船及其一系列配套施工技术，并填补了国内空白。2005年，结合舟山及大连管道敷设工程，又成功开发了浅海PE海底管道敷埋施工成套技术。上述技术均在总体上达到了国际领先水平。

619

619／620／621

上海建工应用自主开发的大口径薄壁管道浅海敷设技术施工的舟山引水工程跨海段钢管敷设工程。图619为舟山海底敷管，图620为舟山市大陆引水二期工程管子下放，图621为海底水力自动开沟。

620

621

## 大型设施拆卸技术

2008年，外滩综合改造工程开工，第一场硬仗就是拆除延安路高架外滩下匝道（"亚洲第一弯"），上海建工按工期完成任务。拆除施工做到无安全事故、无噪声投诉、无污水流淌，从而获得国家授予的大型市政设施拆除施工资质，所形成的城市大型市政设施拆除工艺和专项安全成套技术标准成为国内同行的示范。

622

623

622／623

拆除又称"亚洲第一弯"的延安东路外滩的高架匝道

# 先进装备

　　20世纪50年代上海建工系统仅少量拥有0.4立方米混凝土搅拌机、中小型灰浆机、压路机、手揿泵、机动抽水机、磨石子机等。现在机械设备已全面应用到施工作业的全过程。截至2012年年底，集团已拥有各类机械设备4918台，功率203082.28千瓦，原值27.65亿元。

　　20世纪60年代通过购买和自制，逐步装备了一批设备，主要是起重量0.5—1吨带摇头把杆的井架、少先吊，改装第一辆3吨交通吊车。由于梅山铁矿等一批特大型项目的上马，还装备了蟹斗挖掘机、10—15吨履带吊、6.3吨码头吊和10吨捷克产汽车吊。20世纪70年代，一些土建单位的机修厂开始自制3—5吨电动式"春光号"履带吊。目前，拥有十多台国产和进口200吨、450吨、500吨汽车吊，250吨—600吨等大吨位流动式起重机。

**624 / 625 / 626 / 627 / 628**

各种移动式起重设备

624

625

626

627

628

　　随着南浦大桥、杨浦大桥、徐浦大桥的建设，基础公司修造厂自制的35—50吨架桥机。1993年，为了芜湖长江大桥项目，又从意大利引进150吨架桥机；2003年从意大利引进1600吨悬拼式架桥机。

**629 / 630 / 631**

各种型号的架桥设备

629

630

631

2000年至今，上海建工为地铁隧道掘进施工，分别从日本和德国引进了φ6.34米、φ6.39米土压平衡盾构。2007年为满足上海人民路隧道工程施工需要，还从日本引进了φ11.58米泥水平衡大盾构。

**632／633／634／635／636／637**

各种类型的盾构设备

632

633

634

635

636

637

20世纪70年代中后期，几乎所有土建单位的机修厂都开始仿制自行式下回转动臂塔吊，后来逐步升级到TD60塔吊。建工机械厂开始生产80吨·米塔吊。到20世纪70年代末，从国外购买了80、110吨汽车吊和200、300吨履带吊。

20世纪80年代，局属部分企业开始生产QTG60塔吊（又称红旗吊）。此后，开始生产100吨·米塔吊（包含内爬式塔吊），装备到集团各土建单位。从20世纪80年代中期开始从德国引进塔吊，这些塔吊使用到东方明珠电视塔、波特曼大酒店、联谊大厦等工程，极大地提高了施工速度。国产8—50吨的汽车吊被广泛的使用。1980年建工局开始购置载重为1吨76-A型施工升降机，1984年开始从瑞典引进施工升降机，广泛应用到各类高层的建设中。

20世纪90年代，国产、合资100吨·米以上的塔吊被广泛的使用，并且继续从德国引进塔吊。随着大型钢结构吊装的需要，开始从澳大利亚引进600吨·米塔吊，并成功地在金茂大厦、浦东国际机场等项目上使用。以后继续从澳大利亚引进1250吨·米、2450吨·米塔式起重机，并成功的在环球金融中心、上海中心大厦上使用。

随着大量高层建筑的建设，国产载重量为2吨，高度可达300米，运行速度达到60—96米/分钟的中高速施工升降机被广泛使用。

638

639

**638／639**

大吨位塔式起重设备

集团目前拥有两类地下连续墙成槽设备：一类为抓斗式成槽机，成槽深度80米，成槽厚度1.5米；另一类为双轮铣槽机，成槽深度120米，成槽厚度1.5米，此类机型是目前世界上最先进、成槽深度最大的设备。

---

640／641

水下敷设专用设备

642

抢险注浆设备

643／644／645／646

各种型号的成槽设备

643

640

644

645

641

642

646

# 创新体系

20世纪50年代，上海市建工局所属各单位陆续建立了技术研究室，并在基层成立技术攻关小组，初步形成了群众性的技术研究网络，技术攻关、技术革新和合理化建议活动广泛开展。1958年，上海市建工局建筑材料研究所成立。1978年以后，又陆续成立了上海市特种基础工程研究所、上海市建筑施工技术研究所、上海市建筑构件研究所，形成了特殊地基基础、特种地下工程结构、混凝土建筑构件、房屋建筑配件、建筑施工技术、施工机械等以应用技术开发、研制为主要对象的、专业配套较为齐全的技术研发队伍。

2000年，根据重大工程项目超前技术储备与研究的迫切需要，上海建工成立技术中心，翌年，该技术中心分别获得市级和国家级企业技术中心的认定。技术中心在围绕重大项目开展前瞻研究和科技攻关的同时，根据上海建工下属公司的专业技术特点，有计划地组织各单位申报成立企业的市级技术中心。2004年，上海机施公司作为下属公司率先获得市级技术中心的认定。目前，集团已拥有国家级企业技术中心1个，上海市级企业技术中心13个，基本形成了各有侧重、优势互补的两级技术创新体系。2013年4月，上海建工集团工程研究总院成立，标志着集团技术创新本系建设进入了一个新阶段。

通过不断完善创新体系，上海建工的科技创新能力不断加强，共获得国家科学技术进步奖20项，其中一等奖4项；省部级科学技术奖300多项。

647 / 648 / 649

集团每五年召开一次科技大会，规划五年的科技工作，发布科技成果，交流工作经验，表彰科技先进，营造"科技强企"的氛围。

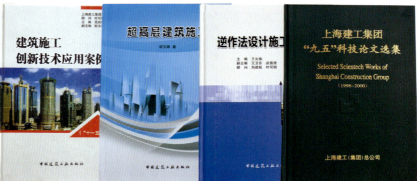

650

上海建工历年出版的科技论文集和专著

在集团技术中心的基础上，整合集团内技术研发资源，2013年4月，成立上海建工集团工程研究总院，下设9个专业研究所，1个工程试验检测中心，为集团科技创新体系建立了新的更高的平台。

651

652

651／652

2013年4月10日，上海建工集团工程研究院举行揭牌仪式。

654

根据专业技术特点，在下属企业成立技术中心，开展难题的前瞻性研究和有关技术攻关。图为又有一批企业技术中心挂牌。

653

654

655

656

655／656

劳模创新工作室是发挥科技领军人物和能工巧匠作用的重要平台。图655、656为劳模创新工作室授牌仪式。

657

659

661

658

中国工程院院士叶可明

660

中国工程院院士林元培

657

集团领导与"科技功臣"、"科技启明星"和"能工巧匠金奖"获得者合影

659

集团为首批学科带头人颁证并合影

661

集团成立专家委员会，发挥各方面专家在技术攻关、制定战略上的智囊团作用。

# 第6章
## 企业党建与企业文化
PARTY BUILDING AND
CORPORATE CULTURE

60年的激情演绎,展示在世人面前的不仅仅是"中国建造"、"上海建造",不仅仅是丰碑基石,更是一代又一代上海建工人默默的奉献、卓越的创造和为实现"建筑,成就美好生活"使命的不懈努力。上海建工依靠坚强的基层党建,大力培育先进的企业文化,自觉履行社会责任,营造和谐共赢、奋发向上的企业氛围,充分发挥职工群众主人翁的责任性和创造性,为每位职工实现梦想创造条件。共同的愿景,凝聚起奋斗的合力;精神的力量,转化为企业的灵魂;理想的追求,成为企业永远向前的不竭动力。

## 党建工作

**党代会** 2008年6月6日,上海建工(集团)总公司第一次党代会隆重召开。本次党代会经过21家单位酝酿、推荐和选举,共产生正式代表175名。代表中既有各级领导干部,又有活跃在基层各个岗位的领军人物和能工巧匠;既有经验丰富、成绩卓越的中老年党员,又有崭露头角、富有朝气的青年党员。这是在上海建工发展的关键时期召开的一次重要会议。大会在总结党的十六大以来所取得的成绩的基础上,明确了今后四年的奋斗目标和主要任务。大会听取和审议通过了蒋志权同志所作的"站在新起点,抓住新机遇,实现新跨越,为建成具有较强国际竞争力的大型建设集团而努力奋斗"的报告;审议通过了集团纪委的工作报告,选举产生了上海建工(集团)总公司第一届党委会和纪委会。

党代会代表合影

662

2008年6月6日，集团总公司第一次党代会在中国浦东干部学院隆重举行。

**项目党建** 是建筑施工企业以工地为活动主体，将企业党建渗透到工程建设之中的一种组织形态和基本形式；也是上海建工"重心下移、健全组织、覆盖一线、分类指导"的具体体现。早在20世纪80年代中后期，伴随建筑行业推行项目管理，上海建工在南浦大桥工地成立第一个项目党支部。此后，大批项目党组织在各工地应运而生。近年来，随着市场变化和管理方式的改革，上海建工在特大型工程工地上建立与总承包管理相匹配的、由集团党委直接任命的党建工作指导员派驻项目制度。同时，从适应上海区域化党建和本企业重点区域市场管理协调、资源集成等实际出发，上海建工在世博会运行保障期间组建了浦东、浦西两个临时党委，在上海中心大厦、中国金融信息中心大厦工程组建联合党委，并探索完善驻京津、辽沈等地区工程项目组党组织架构的建设。

上海建工的项目党建工作始终围绕"保施工、保节点、保和谐、保竣工"和"出成果、出效益、出人才、出精神"的目标展开。针对集团承建项目投资主体多、施工规模大、参建队伍广、协调管理难和周边环境杂等特点，各项目党组织充分发挥"工地主心骨"作用，党建工作指导员则扮演"工地政委"角色，共同肩负起组织文明施工、开展立功竞赛、抓好队伍建设、推进综合治理的重任，并通过建立党员责任区、党建联席会议等制度，行使"指导、协调、依托、服务"的职能，把施工生产的难点作为党建工作的重点。同时，积极尝试以开放、直接、有效的服务方式，实现项目党建从点、片、面向工地围墙外辐射的新跨越；通过完善与业主、设计、监理及地区居委、警署等的互动共建机制，以及开展"施工不扰民"、"文化进工地"和创办"民工夜校"等活动，将不同隶属关系的外来施工单位党组织纳入管理范畴；与周边社区组织开展党建共建联建活动，扩大了项目党建的覆盖面和有效性。

663

664

**663**

项目的党建指导员向来工地参观的职工家属们介绍工程情况和建设者的精神风貌

**664**

在外省市工地成立联合党委

665

666

**665**

集团组织编写印发了反映项目党建成果和项目共产党员先进事迹的成果集

**666**

项目党支部组织新党员宣誓仪式

667

668

669

670

671

672

667

召开项目党建工作研讨会，交流经验，推动工作。

668

开展"军民共建活动"。"南京路上好八连"在工地参加义务劳动，项目领导向他们赠送锦旗。

669

"文化进工地"，好书赠民工。

670

组织文艺工作者下工地慰问建设者

671

上海"文化进工地"活动来到集团工地

672

项目组织各方面力量，为职工进行科技、法律、健康等多种服务。

**基层党内民主建设** 是新形势下加强党的执政能力建设的内在要求，也是基层党组织建设的重要内容。多年来，上海建工各级党组织按照《党章》规定的党员权利和义务，进一步拓展党内民主，完善党内民主制度，确保党员享有的知情权、参与权、选举权、建议权、监督权等基础权利得到落实。

673

定期报告工作，自集团首届党代会以来，坚持每年组织向党员代表通报年度党委工作。各级基层党组织也推进实施年度向党员或党员代表报告工作，听取对党组织工作的意见，明确新的一年的工作打算，增强了党内生活的透明度。在集中性创先争优活动中，基层党组织报告工作还结合了点评党员、评议支部等活动，形成教育、议事相互动的民主氛围，推动了基层党内民主建设常态化、长效化。

公推直选是改进党内选举制度的一种创新模式，集团党委着力围绕"尊重党员主体地位、保障党员民主权利"这一主题，积极推进各级基层党组织领导班子成员直接选举工作，实施候选人公示制、承诺制和票决制等制度。

**674**

集团党委下发的《关于进一步推进基层党组织民主建设的若干意见》

**675**

集团党委下发的《关于推进集团所属党组织采取"公推直选"方法进行换届选举工作的指导意见（试行）》

676

党员进行无记名投票选举基层党组织领导机构

第6章 企业文化与企业党建

677

集团党委下发的《关于印发〈上海建工集团党的基层组织实行党务公开的实施办法〉的通知》

678

集团党委下发的《上海建工集团党的基层组织实行党务公开的实施办法》

679

集团党委下发的党务公开目录

680 / 681 / 682 / 683

开展党务公开活动是推进党内民主建设的重要内容，集团党委坚持试点先行、以点带面，突出以党内事务的内容、程序、结果等在一定范围内公布为要求，编制党务公开目录，使公开内容真实具体、形式多样便捷、制度规范有序。

**主题教育活动**　集团党委坚持把推动解放思想作为党委发挥政治优势的首要任务。根据形势和集团改革发展的进程，集团党委每年确定一个主题，通过领导干部集中轮训、研讨会、专题大讨论、上党课等形式开展主题教育活动，把思想统一到适应市场、促进发展上来，为加快集团发展发挥舆论导向和思想引领的作用。近年来，针对集团发展中的热点和难点，集团党委引导干部职工不断地从企业现状与市场需求的差异性上找问题，从企业运作机制与国内外先进同行的对比中寻思路，先后组织了"战略机遇期与集团可持续发展"、"管理创新与提升总承包、总集成能力"等主题大讨论，不断克服自满情绪，树立更高标准，提出了建设"具有较强国际竞争力的大型建设集团"的战略目标。

684

685

686

687

688　689

**684／685**

集团党委通过领导干部大会、研讨会等形式，传达中央精神，研究落实措施。

**686／687**

基层党组织开展党员承诺、践诺活动。

**688**

集团党委下发的《关于广泛开展"认清形势、强化责任、科学发展、构件和谐"主题教育活动的通知》

**689**

集团党委下发的《关于广泛开展"解放思想、迎接挑战、攻坚克难、再攀高峰"主题教育活动的通知》

**创先争优活动** 集团党委十分重视基层党组织建设和党员先锋模范作用的发挥。近年来，持续开展以创建先进基层党组织，争做优秀共产党员为主要内容的创先争优活动，牢牢把握"推动科学发展、促进社会和谐、服务人民群众、加强基层组织"的总体要求，力求取得实效。在世博会期间，集团各级党组织和广大党员积极投入"世博先锋行动"，开展"我是党员我带头，我是党员我奉献"主题活动，为世博建设及运行保障作出贡献，得到了广泛认可。在活动中，广大党员"承诺、践诺、评诺"，自觉接受群众的监督和评议；做好本职工作，为集团发展献策出力；积极为职工群众做好事、办实事，涌现了一大批先进基层党组织和优秀共产党员。创先争优活动中形成的有效做法及时转换为党建的长效机制，成为加强基层党建的有力保证。

690

以"创建先进基层党组织，争创优秀共产党员"为主题的"创先争优"动员大会。

691

在纪念建党90周年活动中，集团党委评选表彰21名优秀共产党员标兵。

692

集团党委有关开展创先争优活动的文件

693

2012年，开展创先争优活动，集团党委评选表彰18个先进基层党组织、20名优秀共产党员。

**党校教育培训** 建工党校于1980年1月在原建工局干部学校基础上开始筹建，于同年12月5日正式成立。党校成立以来，遵循党校教育方针，配合各个时期党的中心任务，发挥党校功能，通过举办领导干部轮训班、党员培训班，开办学历班等方式，对提高集团党员的政治理论水平、文化素质，加强思想作风建设发挥了积极的作用。

——党员干部轮训班：从1981年2月起，根据当时的形势要求和集团领导干部队伍的实际情况，每年举办以思想作风建设为主要内容的集团管理的领导干部轮训班，成为集团领导班子和领导干部建设的重要组成部分。

694

695

——党员培训班：1980年至1984年，以拨乱反正为主要教育内容，举办各种层次的轮训班，为上海建工系统的企事业单位培训了后备干部404名，这批干部中大多数成为了各单位的领导骨干。作为党员教育的基地，党校通过举办党支部书记培训班、新党员培训班、入党积极分子培训班等形式，进行形势任务教育、党的基本理论和基本知识教育，据不完全统计，近5年共举办了28班次，2925名党员和入党积极分子接受培训。

696

697

698

——学历教育：为培养适应"四化"建设需要的政工干部，从1984年到1988年，党校开设了三届两年制的党政管理专业大专培训班和政工中专班，共有212名学员取得了大专和中专学历。从1992年起，建工党校作为中央党校函授学院的辅导站，开办13届大专班和大学本科班，共有1208名学员取得了中央党校的本科和大专学历，为提高集团干部队伍的文化素质作出了贡献。

699

700

701

**694**

1981年，上海市建工局党校第一期党员干部轮训班结业留念。

**695**

定期举行领导干部轮训班

**696**

1981年，上海市建工局党校中青年党员干部首期培训班结业留影。

**697**

不定期举行青年干部培训班

**698**

每年对基层党支部书记进行轮训

**699**

1986年5月，上海市建工局党校首届政工中专班毕业留影。

**700**

1986年5月，上海市建工局党校首届党政管理专业干部培训班（大专）毕业留影。

**701**

1995年7月，中央党校函授学院上海建工党校辅导站首届本科班毕业留影。

# 企业文化

## 建构理念体系

20世纪90年代,上海建工系统不少企业开始借鉴国际流行的企业文化理论,结合思想政治工作的成功经验,进行企业精神培育的多角度探索。2002年5月,集团总公司部署开展"建设国际知名建设集团的企业理念和企业精神"大讨论,通过归纳提炼与市场经济相适应的、有建工特色的、认知度高的企业理念和企业精神,增强企业统一的价值观对经营活动的影响,激发全体员工的认同感、归属感和事业心。2003年8月,集团"企业理念、企业精神大讨论"取得初步成果,形成了核心理念、企业精神和企业作风的具体表述、理由和内涵。

2012年,为适应多个单位加盟和整体上市的需要,经过集团上下广泛的征集和讨论,明确了企业使命、共同愿景和核心价值观(核心理念)的表述,使上海建工的理念体系更趋完善。

702

集团每年召开精神文明建设、企业文化建设工作会议,明确年度精神文明建设的任务,确定企业文化建设的主题,循序渐进,逐步形成重视企业文化建设的氛围,取得了丰硕的成果。图为集团精神文明建设、企业文化建设工作会议场景。

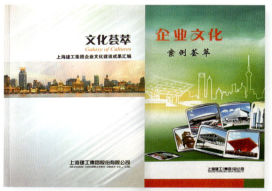

703

704

705

706

**703** 集团自2002年以来先后两次修改和完善理念体系。图为记载理念体系内容的小册子。

**704** 为展示集团企业文化建设的成果,集团不定期地汇编各单位企业文化建设的成功经验和有效做法,不断扩大影响面,推动企业文化建设不断上水平。

**705／706** 集团先后获得上海市首批"企业文化建设示范单位"、全国建设系统"企业文化建设示范单位"称号。

### 2012年集团确立的理念体系内容

| | |
|---:|:---|
| 企业使命 | 建筑,成就美好生活 |
| 共同愿景 | 具有国际竞争力的建设集团 |
| 核心价值观(核心理念) | 和谐为本,追求卓越 |
| 企业精神(SCG精神) | 科学(Science)、合作(Cooperation)、进取(Gumption) |
| 企业作风 | 求真务实,顽强拼搏 |
| 职工守则 | 文明、守纪、诚信、敬业 |

# 弘扬企业精神

**通风队精神** 1986年年初，上海市建工局党委决定，将上海市工业设备安装公司通风空调工程处职工的先进事迹，总结提炼为"通风队精神"在全系统予以宣传表彰，其内涵是："始终牢记工人阶级使命，保持工人阶级本色的坚定信念；全心全意为用户服务，兢兢业业地努力工作的献身精神；积极进取，埋头苦干，坚持依靠科技进步推动企业生产的科学态度；长期遵守队规队纪，维护职业道德的严谨作风，处处发扬精神文明新风的高尚品德"。1990年下半年通风空调工程处成立26年之际，通风人又把"通风队精神"浓缩为"优质、守纪、开拓、奉献"八个字，以更好地体现"通风队精神"的与时俱进。

一个调试班先后出了三代"劳模"班长等，从一个侧面折射出通风队职工崇高的思想光彩，留下了一个时期职工队伍前进步伐的记录。

### 708

一个班组在嵊泗额外为业主安装了一台空调箱，但没有按规范而是以石棉代替橡皮圈，于是自己承担工期损失，当夜自买车船票、返回嵊泗加以整改。这种严格执行纪律，坚守职业道德的精神，被传颂为"通风队精神"，在全系统掀起了学习的热潮。上海建工人进而又提出了"造房人想着住房人"的口号，拓展充实了建工传统文化内涵，推动了职工队伍职业道德水平和施工质量的提高。

### 709

通风队获全国先进基层党组织称号后的合影

### 710

通风队三代劳模的合影

### 711

1986年6月3日的《解放日报》刊登了安装公司通风队的事迹

### 707

1994年通风队编辑的宣传资料

707

708

709

710

711

**南浦大桥精神** 1988年12月5日，上海市区第一座跨越黄浦江的大桥——南浦大桥由上海建工人开工兴建。上海市建工局党委提出，在整个工程期间，要以"建一流大桥、育优秀人才、出大桥精神"的主人翁姿态迎接挑战。参加施工的250余名党员不负众托，带领2000余名职工用3年时间，按时、优质建成了上海南浦大桥。

1990年6月30日，在上海市纪念"七一"座谈会上，上海市建工局党委以"在建设南浦大桥中展现共产党员的精神风貌"为题，阐释了上海建工人创造的"无私奉献、严格苛求、艰苦拼搏、勇于创新、团结协作"的"南浦大桥精神"的内涵与本质。9月12日，上海市建设党委作出了《关于学习发扬南浦大桥工程共产党员五种精神的决定》，上海媒体也据此作了连续报道，南浦大桥工程建设者事迹报告团则应邀到学校、社区、机关等作了30多场报告。

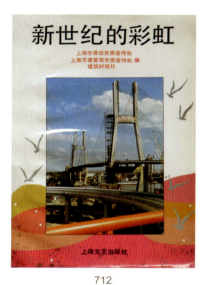

712

713

712
反映南浦大桥建设者精神风貌的报告文学集《新世纪的彩虹》

713
上海市建设党委举行南浦大桥模范事迹报告会

714
大桥建设者

714

715

**金茂大厦精神**　上海建工人敢于参与国际竞争，大胆实施工程总承包，创造了一个月上升13层的施工新纪录，在不到5年的时间内建成了时为中华第一高楼的金茂大厦，并赢得了中国国家建设工程最高奖——"鲁班奖"。

1999年6月29日，上海市委宣传部与上海市建设党委联合召开"上海市创业者风采报告会"，总结概括了"金茂大厦精神"，这就是：开拓奋进，改革创新，高起点参与国际市场竞争的精神；敢于实践，创造性地走建筑工程总承包发展道路的精神；勇攀高峰，大胆攻克世界建筑尖端技术的精神；艰苦拼搏，乐于奉献的精神。

717 / 718

《解放日报》刊登的上海举行"创业者风采报告会"的消息和金茂大厦项目总承包部事迹的报道。

719

金茂大厦建设者为大厦核心筒即将结顶欢呼

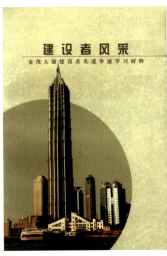

720

集团党委宣传处编辑的金茂大厦建设者先进事迹的学习材料

721

上海市"创业者风采"报告会会场

**抗震救灾精神**　2008年5月12日，新中国成立以来波及范围最广、救灾难度最大的四川汶川特大地震令世界震惊。5月21日，上海建工首批先遣队奔赴四川灾区；5月23日，第二批200余援建者启程赴川。不久，上海建工又先后派出6800余名精兵强将，奔赴四川绵阳、都江堰灾区。在60天中，上海建工的援建者完成了23000多套过渡安置房以及综合学校、高考点和警署的建设任务。8月5日，上海建工集团在上海展览中心召开总结表彰大会，高度概括上海建工人的赴川"抗震救灾精神"，即：为党分忧、为民解难的社会责任；召之即来、来之能战、战之能胜的主力军风采；攻坚克难、连续奋战的拼搏精神；抢挑重担、紧密合作的团队意识。

722

723

724

722
欢送援建者离沪

723
2008年8月5日，集团在上海展览中心举行抗震救灾总结表彰大会。

724
建设者在离震中直线距离只有3公里的龙池镇搭设板房

725
大批援建者急速抵达绵阳灾区参加抗震救灾任务

726
解放军战士伸出援助之手，帮助援建者运输板材。

727
灾区人民感谢援建者的辛勤劳动

728
援建者搭设第一批板房

726

727

728

**上海世博会建设精神** 上海世博会是首次在第三世界举办的世博会,世博工程规模大、时间紧、任务重、难度高。但上海建工在短短3年多时间里,派遣8位集团领导到一线坐镇指挥,发挥集团优势参与项目会战,承担了近80%的世博会场馆和设施建设重任,创造了中国工程建设史上的多个优秀范例。

2010年4月13日,集团隆重召开世博工程建设总结表彰大会,对世博工程建设中上海建工人的创造性劳动进行了高度概括,提炼出了以"和谐为本、追求卓越"为核心理念的"世博精神",即:勇于担当、不辱使命的奉献精神;超越自我、敢于突破的创新精神;攻坚克难、绝不言败的拼搏精神;严谨求实、注重细节的科学精神;众志成城、共创和谐的团队精神。

729

730

731

732

733

734

### 729
2010年4月13日,集团在上海国际会议中心隆重举行世博工程总结表彰大会。

### 730
建设者奋战在世博工程建设工地上

### 731
在世博会工程建设中,建设者攻克了不少技术难题,保证了世博工程按时完成。图为建设者在阳光谷安装超大面积的膜结构。

### 732
担任世博会园区维护保养的安装公司职工为使观展游客有良好的环境,连夜安装包括电扇、雨蓬、长凳在内的便民设施。

### 733
上海建工的志愿者参加全市的世博志愿者活动

### 734
集团虹桥交通枢纽工程总承包管理部、集团世博园区工程指挥部和上海四建党委被中共中央、国务院评为"上海世博会先进集体"

## 劳模先进风采

在上海和国家的社会主义建设和改革开放事业中，上海建工的广大员工为企业发展在不同岗位上勤奋工作、默默奉献，涌现了一大批先进典型和模范人物。他们是上海建工的脊梁，是广大员工学习的楷模。他们中既有生产工作一线的普通员工、各级不同岗位的领导干部，也有在技术与管理创新中作出非凡成绩的专业人员。据不完全统计，上海建工自创立以来，已有17名职工被评为全国劳动模范，28名职工被评为全国先进生产（工作）者，600多名职工获得部（市）以上荣誉称号。

735

王铁斋，上海建工材料工程有限公司总经理、党委副书记。25岁时，他从新海农场来到航运队当了一名船工，干活像"拼命三郎"。担任第二轮队副队长后，靠双腿翻山越岭保证材料供应。担任公司领导后，经常亲临现场，日以继夜指挥浇捣混凝土会战，被职工称为"王铁人"。七次被评为上海市劳动模范。2001年2月王铁斋积劳成疾，因病去世。2001年3月，上海建工（集团）总公司党委发出向王铁斋同志学习的通知。

736

上海大剧院落成后，劳模们作为首批参观者分享成功的喜悦

737

集团领导与劳模先进代表合影

738

劳模们参观世博会园区的模型，为即将开建的世博会工程蓄能鼓劲。

739

2001年上海建工集团总公司荣获全国五一劳动奖状

### 740

吴欣之，上海建工集团副总工程师、上海市机械施工有限公司总工程师、副总经理，教授级高级工程师。在我国大型钢结构整体安装和控制技术创新上作出了卓越贡献，多项成果达到国际先进水平，获得多项国家科技奖项。他率先垂范，身体力行，在职工和同行中享有很高的声誉。曾获全国、部、市劳动模范和上海市科技精英、科技功臣称号。2001年，集团举行专场报告会，宣传吴欣之的先进事迹。

740

### 741

陆凯忠，上海市基础工程有限公司电工班长，高级技师。近20年来，他在轨道交通建设中攻克多个施工难题，并潜心钻研盾构电气设备和控制技术，自主研发的"盾构远程数据采集监控系统"为国内首创。他共获得4项专利，实现了"新时代知识型、智能型蓝领"的目标。获得全国劳动模范称号，2007年，集团党政发出向陆凯忠学习的通知。

741

742

### 743

《建工的脊梁》，共两册，收录了上海建工集团所有劳模的先进事迹，是一本珍贵的、图文并茂的劳模荣誉录。图742 为建设者凯旋。

743

744

### 744

集团领导与劳模先进代表合影

## 塑造企业形象

集团成立以后,设计统一了集团标志。1995年4月28日,集团对集团标志、标志旗及所属企业名称使用等有关事项作出规定。2001年9月,集团修订并下发《上海建工集团标志使用规范手册》。2004年7月,集团下发新版《上海建工集团视觉识别规范手册》。2006年8月11日,集团正式施行《上海建工集团视觉识别规范手册·施工现场视觉识别系统分册(暂行)》规定的新标准,塑造统一的工地办公区、生活区形象。2012年又进行了修订。

集团标志1998年注册为商标,2004年起连续被评为上海市著名商标,2010年被国家商标局认定为中国驰名商标。

745

746　　747

**745** 2010年,上海建工"SCG"商标被国家商标局认定为"中国驰名商标"。

**746** 自2004年起,上海建工"SCG"商标连续四届被评为"上海市著名商标"。

**747** 2013—2015年度上海市著名商标铜牌

**748** 统一安全帽和工作服的制式

748

# 第6章 企业文化与企业党建

749　　　　　　　　　　　750

751

752

753

754

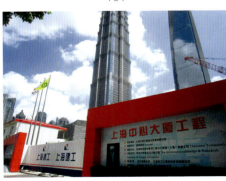

755

756

749 / 750 / 751 / 752 / 753 / 754 / 755 / 756

上海建工所有的工地现场都做到了统一的门头、围栏、办公设施所用的样式和颜色

757

758

759

760

**757 / 758 / 759 / 760**

统一的施工现场安全设施

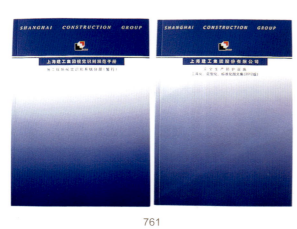
761

762

**761**

集团安全生产防护设施工具化、定型化、标准化图集

**762**

1995年4月，集团颁发《企业标识规范手册》，之后经过多次改版，2006年，颁发《上海建工集团视觉识别规范手册·施工现场视觉识别系统分册》，2012年进行了修订。

## 文化活动

开展群众性的合唱活动是上海建工文化活动的一个传统项目。上海建工合唱团坚持业余训练，合唱水平达到较高水平，多次在全市性的比赛中获得较高的名次，享有较好的声誉。

**763**

1964年上海市建工局机关合唱团参加全市的合唱比赛

**764**

上海建工合唱团在参加全市"阳光·大地"合唱比赛

**765**

在纪念建党90周年大会上，合唱队高声歌唱伟大的党。

763

764

765

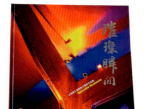

766

767

768

**766 / 767 / 768**

在上海建工的职工队伍中活跃着一批摄影爱好者，他们充分利用自己的独特的优势，从建设者的视角，拍摄了大量不可多得的摄影作品，记录了上海的变化和建筑业科技创新的成果，不少作品在国际、国内重要的摄影比赛中获奖。从1994年以来，集团先后组织了4次职工摄影展，在社会上引起一定的反响。

**769**

在刚落成的卢浦大桥上，青年建设者举行集体婚礼。

769

## 体育活动

770

771

772

773

**770**

游泳比赛

**771**

集团运动会入场式

**772**

篮球比赛

**773**

20世纪50年代，上海建工排球队员合影。

# 文化园地

774

**774**

1998年5月，《上海建工》报创刊，作为集团的内部刊物，及时传播集团的各种信息，交流工作经验和成果，刊登职工的文学习作，成为集团企业文化建设的重要园地，受到广大职工的欢迎。

**775／776**

每完成一项重大工程，都要编撰一部反映建设过程和建设者精神风貌的通讯集，这已成为集团思想政治工作者在重大工程中必须实现的目标。
图775为卢浦大桥、磁浮列车工程、东海大桥等工程的通讯集。
图776为反映世博工程建设者精神风貌的报告文学集《时空交响》和通讯集《澎湃的旋律》。

**777**

2000年，上海建工（集团）总公司被授予全国思想政治工作优秀企业称号。

775

776

777

778

**778**

2003年，集团创立50周年之际，反映展示上海建筑行业发展历程的展示厅揭幕和大型画册《千年回眸》出版。

779

# 社会责任

## 编写《建设工程质量知识读本》

1999年3月8日上午,在九届全国人大二次会议上海组的会议上,时任中共中央总书记、国家主席、中央军委主席的江泽民同志,在听完时任上海建工集团党委书记、董事长石礼文同志关于抓好工程质量的发言后,要求他写一本有关建筑工程质量的书。回沪后,石礼文同志立即组织专家和技术人员编写书籍。经过近一年的工作,《建设工程质量知识读本》编撰完成,江泽民同志为《读本》题写书名,时任国务院副总理的温家宝同志为《读本》作序。2000年3月7日上午,石礼文同志将《读本》送给来参加上海组讨论的江泽民同志,江泽民同志连声说"不错"。3月12日,在北京昆仑饭店举行《建设工程质量知识读本》首发式。

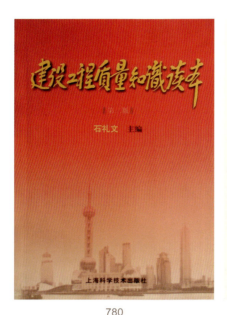

780
781
782

783

**780 / 782**
江泽民同志题写书名、石礼文主编的《建设工程质量知识读本》。该书由上海科学技术出版社出版,2000年初版,2001年再版,共发行两万册。

**781**
时任国务院副总理温家宝为《建设工程质量知识读本》撰写序言

**783**
2000年3月12日举行《建设工程质量知识读本》首发式。

## 结对帮扶

2006年以来，根据上海市委组织部有关中心城区与远郊区县及经济薄弱乡村开展结对帮扶的要求，上海建工开展了为期六年的两轮对口帮扶。参加第一轮帮扶的是上海建工一建、四建、七建和安装公司，他们分别与崇明县堡镇永和村、奉贤区四团镇渔洋村等建立了结对帮扶关系，包括经济帮扶和党建互动。第二轮帮扶企业由原来的4家单位增加到了8家，即上海建工所属的二建、五建、机施公司、材料公司、构建公司、装饰公司、园林集团及市政设计研究总院所属2家单位。

784

上海建工与对口帮扶崇明县堡镇永和村签订协议

从1996年起，集团党委发起"为困难职工献一份爱，为精神文明建设出一份力"活动，开展"一日捐"，募集的资金帮助困难职工。2001年，集团以"托起明天的希望"为主题，采取"结对助学"的方式，帮助家庭困难的职工子女完成学业。2002年起，在党内对生活有困难的党员开展走访、慰问、补助的活动。每年各级领导干部走访困难职工已成为制度。

785　集团领导走访慰问困难职工

786　"托起明天希望"结对助学活动

787　开展"一日捐"活动

## 捐建希望小学

1996年9月,上海建工捐资为有着60年历史、处在困境中的安徽省庐江县大化乡中心小学新建校舍,1996年10月30日,经省市希望工程办公室批准,该校正式更名为"庐江县上海建工希望小学"。截至2012年,上海建工累计向该希望小学捐资捐物达120万元。学校已从当年狭窄破旧的校园,发展为今天占地23亩、建筑面积3200多平方米、师生总数600余人、服务半径达6公里的新农村花园式小学。学校教学设施设备齐全,藏书达1万多册,办学条件和办学质量已达到当地农村小学的一流水平,多次获得县市级荣誉称号,多名毕业生考上了北大、清华等全国知名学府,有些学生成为上海建工的职工。

788

希望小学建成后,每年组织10名优秀学生和教师代表到上海开展夏令营活动,参观上海重大工程、革命纪念地、著名大学等,让学生感受国家的发展和文化熏陶。图为学生们参观后的喜悦情景。

789

庐江县上海建工希望小学建校15周年庆祝活动场景

790

建成后的庐江县上海建工希望小学

791

建设前的小学旧址

792

新建校舍的内景

# 应急抢险

60年来，上海建工先后圆满完成了几百次上海市重大抢险任务，其中有火车出轨、飞机失事现场清理、重大交通事故清障、建筑及塔吊排险、油罐车坠河打捞清污等。1990年起专门组建了民兵应急抢险突击队伍，配置了专用设备，为快速、安全排除各类险情，及时恢复社会正常秩序作出了积极贡献，受到了市有关方面的高度评价和表彰。

793

794

### 793
1982年8月某日一架日航DC-8道格拉斯客机返航在南汇上空发生机械故障紧急着陆后，冲出跑道受阻搁置在围场河上。机施公司奉命赶赴现场紧急抢险，由于飞机严重损坏无法使用，经解体分为两段拖出机场。现在锦江乐园供游客观赏。

### 794
五十年代基础公司在黄浦江上打捞沉船

### 795
江泰洲，原凿井公司施工员，44年四海为家，转战全国各地打井找水，无论是在当时"走的无边道，听得野鸭叫，喝着牛马尿，为民把水找"的山东吴棣，还是"水比油贵"开发前的海南岛，他和团队以"钻头"般毅力开凿深井722口，被誉为"江铁人"、"地层活地图"，五次获得上海市劳动模范称号。

796

795

797

### 796
1999年7月11日下午，万安路辛耕大厦工地一台600吨·米塔吊在拆卸过程中突然下坠，造成居民住房损坏、塔吊严重损坏。机施公司接到集团抢险命令后，应急抢险排迅速集合赶赴事故现场，在风雨中艰难地切割钢索、塔帽、大臂、爬升架等。经过30个小时的连续奋战排除险情。

### 797
2010年10月25日傍晚，一辆车长超过15米、重45吨的液化气罐车在S4高速公路剑川路匝道口发生侧翻事故。罐内是零下160度的高纯度液化天然气，槽罐车紧贴着S32公路的高压变电站房，液化气如遭遇火星后果不堪设想。市政府、建交委紧急下达抢险任务，机施公司改用了尼龙带作为起重吊索避免产生火花等措施，确保罐体不受二次损伤，通宵达旦将其转移至安全地带。

# 民主管理

## 职工代表大会

1983年，上海市建工局根据"三个条例"的要求，在直属企事业单位建立职代会制度。2001年1月，组建集团后的上海建工召开第一届职代表大会，代表人数约250人，至今已召开三届。与此同时，集团所属分公司也相继成立职代会，形成了集团、直属企事业、分公司（工程公司）三级民主管理体系。

根据上海建工一届一次职代会通过的《上海建工（集团）总公司职工代表大会章程》规定，职代会有对重大决策事项的审议建议权、对职工切身利益重大事项的审议同意权、对领导干部的评议监督权、对职工董事和监事以及集体协商代表的选举权。由职代会同意成立的资产经营、民主管理、职工权益保障、提案处理四个民主管理专门委员会，积极开展企业民主评议领导干部、平等协商和劳动争议调解等工作。同时，上海建工职代会还负责审议通过每年的《行政工作报告》，听取审议企业各阶段的发展规划纲要，通过《上海建工（集团）总公司平等协商办法》、《上海建工（集团）总公司员工守则》和《上海建工（集团）总公司职工素质工程实施意见》等文件。职代会在调研的基础上协商通过了补充医疗保险、加强职工教育培训、制定和提高在岗职工最低工资标准、健全职工体检制度等协议。集团所属各企业单位相继建立了集体协商集体合同的制度，以及职工工资专项集体协商和女职工特殊权益专项集体合同制度。

2004年6月，上海建工党委下发《关于批转＜上海建工（集团）总公司基层职工（代表）大会质量评估制度＞的通知》，2006年—2007年，集团完成了所属单位的职代会质量检查和厂务公开工作评估。

798

801

### 798

2001年1月13日，在建工大厦召开上海建工（集团）总公司第一次职代表大会。

### 799

上海建工集团股份有限公司职工代表大会章程

### 800

职代会质量评估制度

### 801

2005年1月，企业方代表和职工方代表分别在《上海建工（集团）总公司在岗职工最低工资标准的协议》上签字。

# 厂务公开

按照中央五部委（中纪委、中组部、监察部、国资委、全国总工会）关于在国有企业、集体企业及其控股企业深入实行厂务公开制度的要求，上海建工党委于1999年7月下发《上海建工（集团）总公司关于推行厂务公开加强民主管理的实施意见》，积极开展厂务公开、民主管理工作的探索。文件规定了企业改革、生产经营、竞争上岗、平等协商和集体合同、工资奖金分配、"四金"交缴、下岗分流、业务招待、民主评议等12项公开内容，明确职代会为厂务公开的主体，闭会期间通过联席会议、通报会、恳谈会或公示栏、广播、宣传栏、黑板报、企业报刊等媒体和形式直接公开，并对厂务公开和民主管理工作从组织领导、运行机制、内容形式、监督检查等诸多方面进行规范。

上海建工建立了比较完善的、以职代会制度为基本形式的厂务公开和民主管理的体系与机制；形成了一系列适应集团深化厂务公开和民主管理工作、促进企业和谐健康平稳发展的经验与做法；营造了企业党政领导坚持党的"依靠"方针、广大职工群众积极参与企业管理的良好氛围；探索了把创建职工"满意企业"和"劳动关系和谐企业"活动与厂务公开民主管理相结合的新机制。2003年，上海建工被评为全国厂务公开先进单位。

802

### 803

集团党委、纪委、工会下发的《上海建工（集团）总公司关于推行厂务公开加强民主管理的实施意见》

### 805

集团下发的《集体协商办法》

### 804

集团下发的《工资集体协商办法》

### 806

2003年集团被评为全国厂务公开工作先进单位

# 群众工作

上海建工认真贯彻党的"全心全意依靠工人阶级"的根本方针,紧紧依靠职工办好企业,充分发挥职工群众的聪明才智,发扬光大与企业共命运、同发展的主人翁精神,调动职工劳动热情,搞好工程建设,建设美好家园。企业的工会、共青团组织和其他群众组织发挥联系群众的桥梁和纽带作用,开展多种形式群众喜闻乐见的活动,团结群众,凝聚群众,在企业内形成了政通人和、和谐共进、奋发向上的良好氛围。

**立功竞赛** 上海建工的立功竞赛活动,是在20世纪50、60年代社会主义劳动竞赛、70年代共产主义义务劳动基础上逐步发展而来的。

1986年,在时任上海市长江泽民同志的倡导下,市总工会等13家单位于6月间召开了首次立功竞赛动员大会。同年,上海建工在浦东煤气厂工地首次开展了以对抗赛、百日赛、冲刺赛等为形式的实事工程立功竞赛。20世纪90年代初,适应浦东开发开放和上海第一轮"一年一个样、三年大变样"的发展需要,上海建工提出了"出精品、出精英、出精神"的立功竞赛新目标,以及"安全创佳绩、质量创精品、文明创水平、速度创先进、科技创成果"的立功竞赛新内容。

进入21世纪以后,在世博工程建设、汶川大地震援建,以及平时在建的大型工程中,上海建工以分设专项赛区的形式开展各具特色的立功竞赛,即:特大工程设多个赛区、大型项目设独立赛区、一般工程设联合赛区。

同时,积极推进了"四个确保、三个实现",即:确保工程目标如期完成;确保工程质量合格率100%;确保不发生较大安全事故;确保施工便民、利民、不扰民。实现技术创新,攻克技术难关;实现队伍素质提高,发扬团结协作精神;实现"工程优质、干部优秀"双优目标。

807

808

809

807
上海建工在太浦河建设工地开展立功竞赛

808／809
上海建工在世博会建设工地开展多种形式立功竞赛活动

第6章 企业文化与企业党建

810／812／814

建设者在立功竞赛中展现的风采

811／813

集团在卢浦大桥和京西宾馆分别召开举行誓师大会和中途表彰推进会

815／816

开展技术比武是提高职工技能的有效形式，技术比武的内容从建筑施工技能扩展到信息管理技术、测量等。

**"三青"立功竞赛** 上海建工的"三青"立功竞赛，是以青年突击队、青年工程和青年科技协会（今青年科技团体）为载体开展的多形式青年比学赶帮超活动。

1979年，上海建工局团委命名了第一批以青年工人为主体、冠以优秀青年个人名字的青年突击队。1984年6月13日，上海市建402队双峰路工房工程被行政和团组织正式联合命名为全系统第一个"青年工程"。1985年5月30日，上海市建302队东宁路工房青年工程被授予上海市第一块"青年工程"（碑）奖牌。1985年10月，上海建工局团委成立了旨在以科技团体形式开展立功竞赛的载体"青年科技协会"（今青年科技团体）。自此，"三青"立功竞赛活动基本成型，成为了上海建工各级团组织凝聚青年力量服务工程建设、企业经营和青年育才的特色工作，一支支"三青"团队成为上海建工经济建设的主力、"急难险重"工程的先锋。

上海建工的"三青"团队曾经以"建队育人、建楼育人"为宗旨，培育"学习创新、甘于奉献、永争第一"的精神，实现了由劳务型向科技型、由单一型向复合型、由速度型向质效型、由局部型向跨地区型、由突击型向持续型的"五大"转变；如今，"三青"团队提出了为提高青年的参与率、对企业发展的贡献率、团组织创建品牌的成功率等"三率"工作目标不断注入"团队、攻坚、学习、成长"的活动内涵，使不同时期的"三青"立功竞赛各具特色、与时俱进。

817

20世纪50年代，青年突击队在洛阳工程建设中发挥作用。

818 / 819 / 820

图818为上海建工系统第一批科技型青年突击队
图819为上海建工系统第一个青年工程
图820为上海建工系统第一个管理型青年工程

821

青年突击队适应企业的转型，从劳务型向科技型、管理型转变，为解决企业在发展中的难题献计出力。图为青年突击队员在研究解决工程的技术难题。

823

青年突击队在世博会建设中受到表彰

822

青年突击队在攻克"急、难、险、重"的任务面前依然发挥突击作用。图为青年突击队在汶川灾后抗震救灾抢建板房中从上海市团市委领导手中接受队旗。

# 第6章 企业文化与企业党建

**建工期望奖** 1992年2月25日，上海市建管局五代团干部代表联名向全局1万多名共产党员和共青团员、老团干部发出倡议：以个人自愿捐资的形式募集基金，设立共青团"期望奖"。1992年5月5日，以全局万名党员自愿捐献的32000余元资金设立的共青团"期望奖"正式诞生，当天获奖的10名得主有6名为优秀团干部。2004年，为进一步提高"期望奖"的知名度和影响力，让更多优秀者成为青年的学习榜样，上海建工"期望奖"评委会决定将其更名为"上海建工集团十大杰出青年—期望奖"。"期望奖"设立至今，已连续颁发了21届（截至2012年），共有172名优秀青年获此殊荣，其中不少获奖者陆续成为了集团和各基层单位的骨干力量。"期望奖"已经成为了上海建工集团优秀青年的最高荣誉。

824

五代团干部提出的《倡议书》

825

《建筑时报》主办的"建筑企业青年论坛"

825

826

1992年，首批"期望奖"获得者授奖。

827

2012年"十大杰出青年——期望奖"授奖

 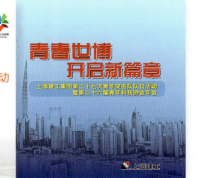

828

集团团委编委的"三青"活动专集

## 离休干部管理

党的干部离休政策实施30年来，上海建工各级党组织和党政领导高度重视，成立了两级老龄委，全面落实领导责任制，即：重点关注老同志的政治、生活待遇落实情况，协调开展适宜离退休党支部实际的学习活动，定期进行情况通报和巡视考察；重视听取老同志对企业改革发展的意见、建议，让老同志对年轻一代进行党的传统教育，动员和组织老同志参与纪念建党等专题教育及征文活动。近年来，上海建工各级党组织和相关职能部门还从适应老同志进入后"双高期"的特点出发，采取更加有针对性和人性化、个性化的方法，做好各种有利于老同志身心健康的管理和服务工作，并借助与社区居委、医院等联手服务功能，把温暖送到家庭。

829

1984年，设在黄兴路的局离休干部、退休职工活动室揭牌。

830

汶川特大地震发生后，原基础公司经理老红军蒋大超第一时间向市红十字会捐款。图为市红十字会向蒋大超颁发捐款证书。

831

老同志参观重大工程

832

根据老同志的特点，采取多种形式组织时事政治学习。图为离休党支部在过组织生活。

833

机施公司90高龄抗日老战士、离休干部刘丸同志专心撰写戎马生涯回忆录，已出书《亲历》、《岁月回音》。

834

刘丸同志的革命回忆录《亲历》、《岁月回音》已出版；徐松坤同志负责主编的《金秋文学》月刊等。

835

材料公司老干部王树梅作诗、书法。

836

材料公司老干部姚琦作诗、书法及装裱。

# 退休职工管理

退管会是党委领导下由行政主导、工会主办、"政群合一"的组织。1992年10月，上海市建筑工程管理局召开首次退休职工代表大会，选举产生了建管局退休职工管理委员会，各直属企事业单位也相继召开退代会、成立退管会。目前，集团退管会下属共有24个基层退管会，服务和管理集团35000余名退休职工。经过20余年的工作实践，上海建工退管会形成了六项工作体系：一是做实事好事的工作体系。二是联络网组的服务体系。三是基础台账的管理体系。四是矛盾纠纷的协调体系。五是信息交流的沟通体系。六是总结表彰的激励体系。上海建工退管会已3次荣获"上海市模范退管会"荣誉称号。

**837**

1984年，在黄兴路职工俱乐部召开上海市建工局退休职工、离休干部管理委员会成立大会。

**838**

上海建筑工程管理局召开首届退休职工代表大会

**839 / 840 / 841**

退休职工的各类活动

837

838

839

840

841

842

1993年5月28日,上海市建管局举行了上海建工创立40周年纪念活动,图为会后的合影。

843

2003年6月18日,在上海新闻中心隆重举行"上海建工创立50周年纪念大会"。图为纪念大会会场。

844

2003年6月,上海建工创立50周年纪念活动后的合影。

大事记
1953—2013

CHRONICLE OF EVENTS

**1953年**

1月　经市委、市政府决定，中央人民政府政务院批准，以华东建筑工程局第三工程处为基础，组建成立上海市建筑工程局（简称上海市建工局），办公地址为福州路107号。

6月18日　市委决定成立中共上海市建筑工程局委员会。

**1954年**

2月　市建工局所属的北、南、东、西4个工程处分别组建成上海市第一、二、三、四建筑工程公司。

5月1日　局党委主办的《建筑工人报》创刊。该报后曾用名《建筑工人报》、《建工通讯》、《建工报》。1989年改名为《建筑时报》并公开发行。1994年起由建设部建筑业司、中国建筑业联合会和上海建工集团联合主办，为中国建筑业产业报。

**1955年**

3月　由华东建筑工程局和上海市建工局组成的建筑公司负责施工建造的中苏友好大厦（今上海展览中心）竣工，占地95000多平方米，这是上海解放后新建的第一座大型公共建筑。该大厦始建于1954年5月4日。

**1956年**

5月25日　局设计公司改为民用设计院，划归上海市基本建设委员会领导。

**1957年**

12月底　周恩来总理视察上钢一厂205工地，并察看职工宿舍，详细地了解职工的生活情况。

**1958年**

3月1日　上海市建筑工程局与华东工程管理总局合并，成立新的上海市建筑工程局，办公地址为南京东路23号。华东工程管理总局（曾名华东建筑工业部、华东建筑工程局）于1952年6月成立，组建初期主要承担华东地区的建设任务，后大部分队伍支援国家重点工程建设。历任局党委正副书记、正副部（局）长有：李人俊、贺敏学、杨建新、张文韬、赵毓华、王海明、冯国柱、李希之、陈去非、孙良浩。

9月28日　毛泽东主席视察了上钢一厂建筑工地并登上三转炉车间平台。

是年，华东安装公司、第一机械工业部安装公司和上海市建工局水电安装公司等单位合并，成立上海市工业设备安装公司。

是年，由局材料机具供应处改组的上海市机械施工公司成立。

是年，上海市建工局掀起技术革新高潮，以较快的速度完成了上海地区大部分的工业基地和卫星城区建设任务。

**1959年**

7月中旬　闵行一条街工程开工，年底全面竣工，这是上海首个按成街成坊建成的居住区。

# 大事记
## 1953—2013
## CHRONICLE OF EVENTS

**1953年**

1月　　　经市委、市政府决定，中央人民政府政务院批准，以华东建筑工程局第三工程处为基础，组建成立上海市建筑工程局（简称上海市建工局），办公地址为福州路107号。

6月18日　市委决定成立中共上海市建筑工程局委员会。

**1954年**

2月　　　市建工局所属的北、南、东、西4个工程处分别组建成上海市第一、二、三、四建筑工程公司。

5月1日　局党委主办的《建筑工人报》创刊。该报后曾用名《建筑工人报》、《建工通讯》、《建工报》。1989年改名为《建筑时报》并公开发行。1994年起由建设部建筑业司、中国建筑业联合会和上海建工集团联合主办，为中国建筑业产业报。

**1955年**

3月　　　由华东建筑工程局和上海市建工局组成的建筑公司负责施工建造的中苏友好大厦（今上海展览中心）竣工，占地95000多平方米，这是上海解放后新建的第一座大型公共建筑。该大厦始建于1954年5月4日。

**1956年**

5月25日　局设计公司改为民用设计院，划归上海市基本建设委员会领导。

**1957年**

12月底　周恩来总理视察上钢一厂205工地，并察看职工宿舍，详细地了解职工的生活情况。

**1958年**

3月1日　上海市建筑工程局与华东工程管理总局合并，成立新的上海市建筑工程局，办公地址为南京东路23号。华东工程管理总局（曾名华东建筑工业部、华东建筑工程局）于1952年6月成立，组建初期主要承担华东地区的建设任务，后大部分队伍支援国家重点工程建设。历任局党委正副书记、正副部（局）长有：李人俊、贺敏学、杨建新、张文韬、赵毓华、王海明、冯国柱、李希之、陈去非、孙良浩。

9月28日　毛泽东主席视察了上钢一厂建筑工地并登上三转炉车间平台。

是年，华东安装公司、第一机械工业部安装公司和上海市建工局水电安装公司等单位合并，成立上海市工业设备安装公司。

是年，由局材料机具供应处改组的上海市机械施工公司成立。

是年，上海市建工局掀起技术革新高潮，以较快的速度完成了上海地区大部分的工业基地和卫星城区建设任务。

**1959年**

7月中旬　闵行一条街工程开工，年底全面竣工，这是上海首个按成街成坊建成的居住区。

## 1960年

**3月29日** 市人民委员会批准提升一批工人为工程师。局有3人入选。

## 1961年

在贯彻国家缩短基本建设战线指示的过程中，全局精简职工14265人。另有5000多人去外地支援国家建设。

## 1962年

**3月** 全局精简机构。撤销2个建筑公司、5个附属加工厂、4个材料工厂、2个学校。合并1个公司、4个材料工厂、1个建筑机械厂。

## 1963年

**1月15日** 局建筑材料研究所与建筑施工技术研究所合并成立上海市建筑科学研究所。该所1978年划归上海市建设委员会。

## 1964年

**1月** 局决定将原建筑公司及直属工区改组成8个土建公司，即市建一、二、三、四、五、六、七、八公司，取消工区，成立工程队，实行公司、工程队两级制。各建筑公司所属混凝土加工厂、预应力厂全部集中，成立"上海市混凝土制品公司"。华东钢铁建筑厂的钢窗车间和建筑公司所属的木材加工厂、机修厂、铁工厂合并组成"上海市门窗加工公司"。撤销上海市建筑材料工业公司，改组为第一、二建材工业公司。上海市建筑材料公司改组为局供销处。设备安装、机械施工、凿井公司等专业公司及事业单位不变。

**2月15日** 局机关从南京东路23号迁到北京东路230号（江西中路406号）。

## 1965年

**5月下旬** 局成立援外办公室。有150人支援加纳纺织厂建设。

同时，市建八公司抽调部分人员组成新公司，支援七机部贵州地区建设，属西南工程管理局贵州总公司领导。市建一公司分别派员支援江西和四川渡口钢铁厂工程建设。

## 1966年

**2月29日** 局属混凝土厂部分职工支援贵州建设。

**3月** 局派出市建四公司等单位支援安徽皖南工程建设。

## 1967年

**1月13日** 局党政领导大权被局机关造反派夺取。"文化大革命"期间，由"革命委员会"等替代。

**1968年**

上钢三厂平炉车间扩建,其中两座各高55米、230吨重的烟囱整体移位成功。

**1969年**

市建五公司、七公司、安装公司、机施公司等参加位于南京梅山的"9424工程——梅山炼铁厂"建设。市建六公司到江苏大屯煤矿参加建设。

市建一公司到江西新余、景德镇、安徽贵池,市建二公司到安徽贵池,市建三公司到贵州遵义,市建四公司到安徽徽州参加大小三线建设。

**1970年**

10月19日　原属国家建委的第一基础公司、华东工业建筑设计院、华东勘察分院、上海建筑安装机械厂划归上海市建工局主管,后分别改名为上海市基础工程公司、上海市工业建筑设计院、上海勘察院。1977年,上海市工业建筑设计院、上海勘察院划出。1980年9月12日上海建筑安装机械厂更名为上海汽车起重机厂;1981年8月划给轻工业局自行车三厂,转产凤凰牌自行车。

**1971年**

6月　上海电视台工程开工,1973年12月竣工。施工中成功地解决了电视塔塔身地面拼装、整体起板及长达53米的天线杆整体提升等难题。该项目获得全国科技大会奖。

10月16日　我国援阿尔巴尼亚冶金联合企业工程开工。局承担土建施工技术指导,开工面积472511平方米,竣工面积360878平方米。1978年停止援建。

**1972年**

12月　上海卫星地面接收站开工,次年8月竣工。

**1973年**

3月　上海体育馆开工,1975年6月竣工。其中,自重600吨、施工荷重702吨、直径124.6米的体育馆大型钢网架屋盖整体提升、空中移位安装一次成功。

6月　我国援苏丹友谊厅工程开工,1976年竣工。当年5月23日,苏丹政府在友谊厅举行落成典礼。

**1974年**

1月1日　上海金山石油化工总厂一期工程开工,1977年基本建成。由局属基础公司、市建一公司、安装公司等单位承担主要建筑安装施工。

**1975年**

1月　上海江湾万吨低温冷库工程开工,12月底竣工,为上海外贸部门进出口冷藏品重要基地。

## 1976年

| | |
|---|---|
| 7月28日 | 唐山地震发生至次年10月，局从市建一公司、七公司，安装、机施、构配件公司，华建厂、供销处、职工医院等单位抽调一千余人，奔赴灾区，救护伤员，帮助开滦机器厂、发电厂重建厂房，恢复生产。 |
| 9月14日 | 毛主席纪念堂工程开工。上海大理石厂、红光建筑五金厂、上海工业设备安装公司第七工程队等单位参加建设。 |
| 12月 | 坐落在漕溪北路的上海第一批高层建筑住宅群落成。 |
| 12月29日 | 上海市混凝土制品公司与上海市门窗加工公司合并为上海市建筑构配件公司。 |

## 1977年

| | |
|---|---|
| 8月 | 原十六铺码头改建为上海港客运总站。 |

## 1978年

| | |
|---|---|
| 1月20日 | 局对工程队体制进行调整，把工程队建制相应扩大，成立党总支；工程队下设中队，建立党支部。 |
| 3月28日 | 经市委批准，取消"革命委员会"，恢复上海市建筑工程局建制。 |
| 4月5日 | 上海市建工局在宝钢住宅区现场召开"宝钢住宅区工程会战誓师大会"，主要任务是建设116幢住宅，共20万平方米，参建单位有6个土建公司，共3000名职工，10月底竣工。当年12月，局成立宝钢工程指挥部建工分指挥部领导班子，局所属企业主要承建办公楼、住宅、宾馆和部分厂房。 |
| 4月29日 | 市委、市政府决定成立上海市建筑材料工业管理局。建工局所属上海第一建筑材料工业公司、上海第二建筑材料工业公司、上海水泥厂、胜利水泥厂、上海建筑机械修配厂、市建六○一队、上海市建筑材料工业专科学校(原名建材七·二一大学)等单位划归市建材局领导。 |
| 4月 | 上海第一座双塔双索面大型预应力混凝土斜拉桥——泖港大桥工程开工，1982年6月竣工通车。 |
| 5月31日 | 局属凿井公司并入机械施工公司。 |
| 6月16日 | 1960年成立的局技工学校更名为上海市建工局"七·二一"工业大学。1979年改为上海市建筑工程学校。 |

## 1979年

| | |
|---|---|
| 1月5日 | 上海市住宅建设总公司成立，局属市建六公司、混凝土制品四厂划归市住宅建设总公司。 |
| 1月16日 | 局建立上海市建筑施工技术研究所。5月，由该所主办的《建筑施工》杂志创刊。该杂志1984年公开发行。 |
| 2月21日 | 上海市建工局被国家建设委员会、中共上海市委、市革委会命名为"大庆式工程局"。 |
| 5月12日 | 市委同意郊县集体施工队伍管理工作划归建工局管理。 |

## 1980年

| | |
|---|---|
| 3月3月 | 上海宝山钢铁总厂炼钢厂主厂房开工。1983年2月竣工，该工程荣获国家优质工程金质奖。 |
| 3月11日 | 上海市国际建筑工程公司成立。10月15日，国家建筑工程总局批复同意上海市国际建筑工程公司为中国建筑工程公司上海分公司，为独立经营、自负盈亏的企业单位。 |
| 4月7日 | 国家建委、财政部同意《关于上海市建工局试行全行业利润留成的报告》：一、上海市建工局以1978年实际上交利润3864万元 |

| | |
|---|---|
| | 为基数包干，1980年到1982年增长利润部分，20%上交财政部门，80%留给企业，一定三年不变（此定及办法，其他行业不再推广）。二、建工局试行全行业利润留成后，地方财政部门不再拨给：1.建工局机关行政费和所属事业单位事业费；2.基建投资和技措费；3.科研经费；4.新产品试制费。三、企业利润留成中用于技术改造和修建职工宿舍、改善职工福利事业所搞的建设项目，应按有关部门规定纳入计划，经有关部门批准后实施。 |
| 5月5日 | 局建立上海市建筑工程局工程技术干部技术职称评审委员会，该委员会后承担全市工程技术干部技术高级职称评审任务。 |
| 8月 | 由局施工技术研究所设计、上海建工机械厂制造的120吨自升塔式起重机取得成功。 |
| 12月5日 | 局党委决定成立中共上海市建筑工程局委员会党校。 |

### 1981年

| | |
|---|---|
| 4月3日 | 局党委召开向朱华烈士学习大会。朱华同志是局供销处航运队的青年工人，1月8日，为抢救落水的职工献身，被上海市政府追认为烈士。 |
| 12月3日 | 局党委成立若干个中青年干部调查组，采用群众推荐和组织考察相结合的方法，拟订培养计划和选拔名单。1982年1月，局党委制定了《培养选拔中青年干部的规划》。 |

### 1982年

| | |
|---|---|
| 12月 | 1980年开工的、新中国成立后上海第一幢高度超过国际饭店的高层宾馆——上海宾馆竣工。 |

### 1983年

| | |
|---|---|
| 8月 | 上海华亭宾馆工程开工，1986年竣工。该工程1987年获首届国家建筑工程"鲁班奖"。 |

### 1984年

| | |
|---|---|
| 1月 | 由中建上海分公司、香港永兴企业公司和香港上海实业有限公司合资兴建的上海雁荡大厦工程开工，1985年4月竣工。 |
| 1月23日 | 上海建筑工程技工学校成立。 |
| 3月 | 上海联谊大厦工程开工，1985年4月竣工。施工速度达5天一层，被誉为"上海速度"工程。 |
| 4月27日 | 上海电视大学建工局分校成立。 |
| 6月9日 | 局颁发《关于局属企业百元产值工资含量包干办法》，改变了企业原来按人数核定工资总额的办法，实行新的分配办法。 |
| 6月13日 | 局第一个青年工程命名仪式在市建四〇二工程队双峰路工房工地举行。 |
| 6月 | 局思想政治工作研究会正式成立。1985年3月10日，研究会会刊——《探索》第一期出版。 |
| | 当年，上海市推行工程招标投标办法，局属企业开始通过市场竞争承揽任务。 |

### 1985年

| | |
|---|---|
| 1月19日 | 局供销处更名为上海市建筑工程材料公司。 |
| 1月30日 | 局决定在市建一公司、市建五公司、华建厂及构配件公司所属的混凝土三厂、木材加工一厂、建工机械厂试行经理、厂长负责制。 |

| | |
|---|---|
| 2月6日 | 上海市建筑工程局职工大学成立。 |
| 6月1日 | 以开发房地产业务为主的上海市振新开发公司成立。 |
| | 是年，静安希尔顿酒店、远洋宾馆、新锦江大酒店、龙柏饭店、虹桥宾馆等一批高级宾馆陆续开工建设，后来均如期竣工。|

## 1986年

| | |
|---|---|
| 1月1日 | 埃及开罗国际会议中心工程开工，1989年6月底竣工。国家主席李先念、杨尚昆先后出席奠基和竣工仪式。 |
| 3月18日 | 局党委召开"安装公司通风队先进事迹报告会"。10月17日，市建委命名安装公司通风队为建设系统模范集体，号召在全行业开展学习。1989年9月23日，通风空调工程处党支部被中共中央组织部命名为"全国先进基层党组织"。 |
| 10月 | 陆家宅联合大楼工程开工，1990年竣工。该工程首次采取整体提模成套技术。 |
| 12月8日 | 作为行政性公司改革，局撤销建筑构配件公司，原公司所属企事业单位归局直接领导。局设立工业处，负责原建筑构配件公司所属企业生产计划供应的平衡协调和有关行业管理等工作，1988年撤销。 |

## 1987年

| | |
|---|---|
| 4月 | 上海商城开工，高164.8米。 |
| 7月 | 上海市建筑装饰工程公司成立。 |

## 1988年

| | |
|---|---|
| 1月至3月 | 局决定以上海混凝土制品一厂为主体，联合上海混凝土制品五厂、七厂，以及构件研究所、构件中等专业学校组成上海第一混凝土制品总厂；以上海混凝土制品二厂为主体，联合上海混凝土三厂，组成上海第二混凝土制品总厂。1993年1月，上海第一、第二混凝土制品总厂合并组建上海市建筑构件制品公司。1993年1月局将上海建筑构配件运输队划归上海市建筑构件制品公司。 |
| 3月18日 | 中共上海市委、上海市政府决定将上海市建筑工程局改为上海市建筑工程管理局。行政工作部门设规划发展处（同政策法规研究室为两块牌子、一套班子）、经济管理处、技术处、综合协调处、教育培训处、经济监察处、办公室。另有上海市建筑企业管理处(同上海市建筑市场整顿办公室两块牌子、一套班子)、上海市建设工程质量监督站、上海市建筑施工安全监察站（与上海市建设工程质量监督站两块牌子、一套班子）、上海市建设工程定额站等事业单位。 |
| 9月 | 《上海建筑施工志》开始编纂，1997年由上海社会科学出版社出版。 |
| 12月15日 | 上海南浦大桥工程破土动工，是上海市区第一座跨越黄浦江的大桥。1991年2月18日，邓小平同志视察建设中的南浦大桥。1991年11月19日建成通车，国务院总理李鹏为通车剪彩。1995年获得国家科技进步一等奖。 |
| | 是年，国际贵都大酒店、海仑宾馆、锦沧文华大酒店、永新彩色显像管厂等工程开工建设，后来均如期完工。 |

## 1989年

| | |
|---|---|
| 6月6月 | 上海地铁1号线人民广场站开工。该站与规划的2号线、4号线构成换乘枢纽。 |
| 9月 | 上海市区规划最大的居民新区曲阳新村一期工程竣工。 |

## 1990年

**4月18日** 党中央、国务院作出开发开放上海浦东的重大决策,上海市建管局及时传达,并开始部署贯彻有关精神。

**6月30日** 在上海市纪念"七一"座谈会上,上海建管局党委以"在建设南浦大桥中展现共产党员的精神风貌"为题,阐释了上海建工人创造的"无私奉献、严格苛求、艰苦拼搏、勇于创新、团结协作"的"南浦大桥精神"的内涵。9月12日,上海市建设党委作出了《关于学习发扬南浦大桥工程共产党员五种精神的决定》。此后,局党委组织南浦大桥工程建设事迹报告团,应邀到学校、社区、机关等作了30多场报告。

**7月** 局将上海建工机械厂并入上海市工业设备安装公司。

## 1991年

**2月13日** 市建管局发布《上海市在沪外地施工企业管理办法》。

## 1992年

**1月13日** 局行政工作部门调整为:办公室、经营开发处、技术处、施工生产处、财务处、设备材料处、保卫处、劳动工资处、研究室、教育培训处、监察审计处。负责行业管理的部门不变。

年初,局明确局属7个土建工程处进行综合配套改革试点,即与推行项目管理相配套,将原工程处解体,分别组建内部独立核算的项目经理部和劳务分公司。当年4月25日,市建一公司101工程处组建了上海建筑业首家劳务型公司,1000多名员工走向市场。此后一年多,全局42个土建工程处经"两层分开",成立了26家劳务分公司和31个项目经理部。

**1992年1月** 局将上海红光建筑五金厂并入上海市建一公司;上海金属结构厂并入上海市安装公司。

**4月28日** 局属企业创办的4家房地产公司同时开业。此后先后共开办了20多家房地产企业。1999年1月11日,上海建工房产有限公司揭牌。该公司由原局下属的11家房地产开发企业按照建立现代企业制度的要求进行重组。

**5月5日** 由全局1万多名共产党员和老共青团员、老团干部以个人自愿捐资的形式募集基金,设立共青团"期望奖"。2004年3月,经研究决定,"期望奖"改名为"上海建工集团十大杰出青年——期望奖"。至2012年。连续举办21届,共有172名优秀青年获此殊荣。

**9月8日** 上海解放后首家建筑劳务洽谈场所——上海建筑劳务市场在黄兴路510号开张,提供建筑劳务信息和咨询。1993年年底停业。

**12月14日** 上海东方明珠广播电视塔工程开工,1994年10月竣工。该工程施工技术1996年获国家科技进步二等奖。

## 1993年

**5月28日** 局在瑞金宾馆举行上海建工创立40周年座谈会。

**11月14日** 中共上海市委、市人民政府下发沪委【1993】395号文,决定撤销上海市建筑工程管理局,组建上海建工(集团)总公司,建筑业行业管理职能移交市建设委员会。

**11月15日** 1991年开工的上海杨浦大桥建成。杨浦大桥总长7658米,主跨602米,在世界叠合梁斜拉桥中处于领先地位。

## 1994年

**1月11日** 上海建工(集团)总公司开业庆典举行。建设部决定将上海建工集团作为全国建设系统现代企业制度改革的试点单位。

集团总公司成立初期总部设总经理办公室、财务处(1997年改为资产财务处)、施工生产处、国有资产管理处(1997年改为投资

| | 管理处）、人事教育处、科技处、监察审计处、保卫处等职能部门和总承包部、房产开发部、海外事业部、设备物资部、实业部、咨询监理部等事业部（房产开发部、设备物资部、实业部、咨询监理部以后先后撤销）。 |
|---|---|
| 5月3日 | 对外贸易经济合作部同意上海建工（集团）总公司开展对外技术合作业务。 |
| 5月10日 | 金茂大厦工程开工打桩，1997年8月28日，金茂大厦举行结构封顶仪式，1998年8月28日，金茂大厦落成。88层金茂大厦建筑施工技术研究成果1999年获国家科技进步一等奖。 |
| 8月30日 | 上海市国有资产管理委员会授权上海建工（集团）总公司统一管理经营上海建工（集团）总公司国有资产。 |
| 12月30日 | 《上海建工(集团)总公司国有资产管理经营若干规定》（50条）下发。 |

## 1995年

| 4月28日 | 集团总公司首次下发《企业标志规范手册》，对集团标志、标志旗及所属企业名称及使用集团标志等有关事项作出规定，此后分别颁发2001年版、2004年版、2006年版、2012年版《上海建工集团视觉识别规范手册》。 |
|---|---|
| 7月24日 | 上海建工(集团)总公司监事会成立。 |
| 12月25日 | 集团总公司举行劳动合同签约仪式，标志集团全面实行全员劳动合同制。 |

## 1996年

| 1月8日至2月8日 | 集团党委组织发起"为困难职工献一份爱，为精神文明建设出一份力"活动，该活动坚持至今。 |
|---|---|
| 3月19日 | 市建设党委发出《关于学习推广上海建工(集团)总公司加强文明工地建设工作经验的通知》。 |
| 5月 | 集团开始评选十佳"杰出员工"和"精神文明十佳好事"，至2012年，共评出170名"杰出员工"、163件"精神文明十佳好事"。 |
| 9月10日 | 集团向安徽省庐江县大化乡捐资在当地建造一座希望小学。该工程于11月8日举行奠基仪式，1997年9月1日交付使用。 |
| 10月11日下午 | 上海浦东国际机场航站区施工管理总承包合同签字。浦东机场一期工程1997年10月15日全面开工，中共中央总书记、国家主席江泽民出席全面开工仪式，2000年竣工。二期工程2005年开工，2007年竣工。 |

## 1997年

| 1月23日至24日 | 集团总公司党政召开领导干部大会，会议提出要把拓展市内、国内、海外"三个市场"，加快发展"三跨"（跨地区、跨行业、跨所有制）作为集团当前和今后的重点工作。 |
|---|---|
| 3月7日 | 集团下属事业单位主要负责人与集团领导签订聘用合同，标志着集团内事业单位聘用合同制工作全面推开。 |
| 4月7日 | 集团总公司被列入国务院重点扶持的全国120家大型企业集团试点。 |
| 4月28日 | 上海援藏工程——日喀则"上海广场"开工，1998年9月竣工。 |
| 5月10日 | 集团总公司被列为上海市第二批盘活工商企业国有房地产存量试点单位。共取得了173幅国有土地40—70年的使用权以及11处直管公房所有权。由市房地局授予国有房产经营授权书，经评估，房产估价9.699亿元注入集团，增加了集团的净资产。 |
| 5月22日 | 基础公司承建的世界第一大沉井——江阴长江大桥北锚固沉井顺利下沉到位。江阴长江大桥工程1994年开工，1999年建成通车。 |
| 8月28日下午 | 上海建工锦江大酒店开业。 |
| 12月 | 集团营业额突破200亿元。 |

## 1998年

| | |
|---|---|
| 4月2日 | 集团总公司投资5.5亿元与上海城市建设投资开发总公司、上实圣建控股有限公司合作，共同投资建设延安路高架中段工程，并取得两个标段的施工总承包，该工程全长5.56公里。 |
| 5月20日 | 《上海建工》报创刊，是集团内部发行的半月刊，2005年1月改为旬刊。 |
| 6月1日 | 经中国证监会批准，集团所属的上海建工股份有限公司依法通过上海证交所股票交易系统向社会公众公开发行1.5亿A股股票。 |
| 6月10日 | 中共"一大"会址纪念馆扩建工程隆重开工。1999年5月26日竣工。该工程从管理用工到施工用工采用义务劳动的形式。整个工程的用工计划约2万人工，其中集团约承担50%。 |
| 7月21日 | 国务院召开表彰先进电视电话会议，上海建工（集团）总公司作为全国建设系统和上海市唯一一家企业受到国务院表彰。 |
| 8月1日 | 建峰学院（筹）批准成立并向社会招生。该校2002年被正式批准进入国家统一招生的正规院校。2004年被教育部和建设部批准为建设行业技能型紧缺人才示范性培养培训基地。 |
| 8月11日 | 长江流域和嫩江、松花江流域发生特大洪涝灾害。全集团捐款额超过130万元。 |
| 8月26日 | 上海市工程建设咨询监理公司首次在集团第二层次企业中采取公开招聘的方式聘用企业经营者。 |
| 11月 | 集团成立后，通过改制，共建立了115家专业分工明确且产权清晰的股份制企业，其中股份合作制企业40家，有限责任公司75家，涉及职工达24060人，占职工总人数的46%。 |

## 1999年

| | |
|---|---|
| 3月1日 | 上海建工桥隧筑港工程有限公司成立。2012年11月7日，该公司与上海市政建设工程公司整合，成立上海市政建设有限公司。 |
| 4月9日 | 国家经贸委批复同意集团总公司上报的《国家大型企业集团试点实施方案》。 |
| 6月29日 | 市委宣传部、市建设党委在金茂大厦联合举行"创业者风采报告会"，学习建工集团金茂大厦建设者先进事迹。 |
| 8月 | 集团推出鼓励、支持非公小企业发展的若干优惠政策。 |
| 11月3日 | 市建三公司以1.5亿元拍下人民路777号"蒙特利广场"的土地开发权。以后由建工房产公司开发商品住宅"东淮海大厦"。 |

## 2000年

| | |
|---|---|
| 1月26日 | 集团技术中心成立。2001年该中心获国家经贸委、财政部、国家税务总局和海关总署批准的国家级认定。截至2012年，集团已有国家级和市级技术中心14家。 |
| 2月 | 集团与北京城建集团、香港建设有限公司组成联合体，中标总承包国家大剧院工程建设。国家大剧院2001年12月13日正式开工，2007年竣工。 |
| 3月12日 | 《建设工程质量知识读本》首发式在北京举行。该书由中共中央总书记江泽民题写书名，国务院副总理温家宝作序，上海建工（集团）总公司党委书记、董事长石礼文主编，上海科学技术出版社出版。 |
| 4月28日 | 集团建立了首批由366名技术工人组成的"能工巧匠人才库"。 |
| 6月20日 | 集团调整总部部门机构，设生产经营部（质量安全处）、投资发展部（证券部）、资产财务部、人力资源部、审计监察室、办公室、保卫处。 |
| 6月 | 建筑工程学校被国家教委批准为首批国家级重点中专，成为本市16所国家重点中专学校之一。 |

| | |
|---|---|
| 9月4日 | 集团总公司总部迁入浦东福山路33号"建工大厦"。 |
| 10月18日 | 由集团总公司总承包的卢浦大桥主桥工程开工兴建。2003年6月28日建成通车。 |
| 12月28日 | 集团商标"SCG"三色标志获国家工商总局批准成为国家注册商标。 |

## 2001年

| | |
|---|---|
| 1月13日 | 集团总公司召开第一次职工代表大会,表决通过了《上海建工(集团)总公司职工代表大会章程》等文件。 |
| 1月19日 | 集团总公司荣获"全国先进建筑施工企业"称号。 |
| 2月19日 | 集团总公司完成的"浦东国际机场航站楼工程成套施工技术与设备研究"成果项目获国家科技进步二等奖。 |
| 3月1日 | 世界首条商业运营的高速磁浮示范工程开工。工程于2002年年底提前竣工。 |
| 3月2日 | 集团总公司被授予"全国建设技术创新先进单位"称号。 |
| 3月15日 | 由集团总承包的北京京西宾馆西楼改扩建工程开工,"十六大"召开前竣工。2011年,集团又总承包京西宾馆东、西楼和大礼堂等的修缮,在"十八大"召开前完成。 |
| 4月28日 | 集团总公司被授予全国"五一"劳动奖状。 |
| 5月18日 | 经国务院批准,外交部同意授予上海建工(集团)总公司派遣因公临时出国(境)人员和邀请外国经贸人员来华事项的审批权。 |
| 6月28日 | 集团总公司党委被分别评为全国和上海市先进基层党组织。 |
| 7月3日 | 集团收购香港建筑类上市公司——香港建设股份有限公司,成为第一大股东。2004年,根据"香港建设"债务重组及交换协议,退为第二大股东。 |
| 7月30日 | 基础公司施工的浙江舟山大陆引水管海底敷埋工程竣工。 |
| 9月 | 集团总公司首次实施海外工程总承包的孟加拉国际会议中心工程竣工。被国家外经贸部评定为"优良工程"和"援外优质工程"。国务院总理朱镕基出席竣工仪式。 |
| 10月16日上午 | 集团总公司与黄浦区政府签订新昌路聚居区开发合作协议。2006年,在该地块开发建成"上海滩新昌城"。 |
| 11月9日 | 经国家外经贸委核准,集团总公司获得外贸进出口经营权。 |
| 12月 | 集团总公司被中央宣传部、中央组织部、对外贸易经济合作部和全国总工会评为"全国思想政治工作优秀企业"。 |

## 2002年

| | |
|---|---|
| 1月8日 | 在集团总公司召开的一届二次职工代表大会上,审议通过了《上海建工集团"十五"发展规划纲要》,表决通过了《上海建工(集团)总公司平等协商办法》等文件。 |
| 3月22日 | 集团承建的巴基斯坦瓜达尔港项目开工,全国人大常委会委员长吴邦国出席开工典礼。该项目2007年4月竣工。 |
| 5月 | 集团总公司在全集团部署开展"建设国际知名建设集团的企业理念和企业精神"大讨论。经过一年的讨论,2003年进行了成果发布。核心理念表述为:和谐为本,追求卓越;企业精神(SCG精神)表述为:科学(Science),合作(Corporation),进取(Gumption);企业作风表述为:求真务实,顽强拼搏。 |
| 9月3日 | 上海住总(集团)总公司部分企业划归或由上海建工(集团)总公司托管。 |
| 12月30日 | 建工设计研究院由事业单位转制为企业,改名为上海建工设计研究院有限责任公司。 |

## 2003年

| | |
|---|---|
| 1月13日 | 集团召开一届三次职工代表大会表,决通过《关于完善企业补充医疗保险的协议》等文件。 |
| 3月13日 | 集团对市建一公司与市建三公司、市建四公司与市建八公司4家企业进行整合重组,组建新的市建一公司、市建四公司。 |
| 4月19日 | 集团总公司部署开展非典型肺炎防治工作。5月16日,在上海市"抗击非典专项援助资金"首捐仪式上,集团总公司捐款300万元。 |
| 5月22日 | 集团总公司被授予"全国厂务公开工作先进单位"称号。 |
| 6月18日 | 集团总公司举行"上海建工创立五十周年纪念大会"。会上,授予张文韬、罗白桦、王国良、王世雄、石礼文等同志"特别贡献奖"。由上海画报出版社出版的大型画册《千年回眸——上海建筑施工历史图集》举行首发。 |
| 12月26日 | 集团职工方代表与企业方代表达成《关于加强企业职工教育培训工作的协议》。 |

## 2004年

| | |
|---|---|
| 1月1日 | 集团从上海市建设交通委划归上海市国有资产监督管理委员会管理。 |
| 1月15日 | 在集团总公司召开的一届四次职工代表大会上,审议通过了《上海建工(集团)总公司员工守则》等文件。 |
| 3月18日上午 | 集团总公司司标"SCG"被市工商局评定为2004—2006年上海市著名商标。2007、2010、2013年又连续三届被评为上海市著名商标。 |
| 3月 | 基础公司科技项目"大口径薄壁管道浅海敷设施工技术研究"荣获2003年度国家科技进步二等奖。 |
| 7月9日 | 市委委、市国资委决定将上海园林集团公司划归上海建工集团。 |
| 7月 | 基础公司设立"陆凯忠工作室"。陆凯忠是全国"五一"劳动奖章获得者、建设部劳动模范、青年电工技师。2006年,荣获上海市职工科技创新优秀团队称号。 |
| 8月 | 集团总公司制定下发了《上海建工(集团)总公司商标管理办法》。 |

## 2005年

| | |
|---|---|
| 1月11日 | 在集团一届五次职工代表大会上,审议通过了《上海建工(集团)总公司关于制订集团在岗职工最低工资标准的协议》。 |
| 2月2日 | 上海建工(集团)总公司南方分公司成立。 |
| 2月 | 材料公司进行产权制度改革,通过增资扩股的方式,引进经营者管理层群体持股。2011年年底,上海建工集团股份有限公司对经营者管理层群体持股部分进行收购。 |
| 3月 | "上海建工"股票被选编进上海和深圳两个证券交易所定期公布的、带有指导作用的"沪深300指数"。 |
| 9月26日 | 上海建工股份有限公司非流通股上市流通(股权分置改革)方案正式公布,该方案于10月31日经过全体股东的征集投票、网络投票、现场股东会议投票获得通过。 |
| 11月16日 | 上海环球金融中心工程全面开工,2009年竣工。上海建工(集团)总公司与中国建筑工程总公司联合总承包。 |

## 2006年

| | |
|---|---|
| 1月11日 | 集团二届一次职工代表大会召开。大会审议通过了《上海建工(集团)总公司关于健全职工体检制度的协议》等文件。 |
| 4月20日 | 集团联手广州建工集团中标承建的总高度610米的"世界第一高塔"——广州塔工程动工兴建。该工程于2009年9月竣工。 |

| | |
|---|---|
| 5月12日 | 集团首个海外融资建设项目——特立尼达和多巴哥国家演艺中心项目举行合同签约仪式。2009年11月竣工。 |
| 5月16日 | 集团参与投资建设的俄罗斯圣彼得堡"波罗的海明珠"会所项目正式开工。2007年6月9日圆满完工，俄罗斯中国年上海周开幕式在此隆重举行。中共中央总书记、国家主席胡锦涛于2006年7月17日视察该项目。中共中央政治局常委、国家副主席习近平于2010年3月22日到"波罗的海明珠"工程视察。 |
| 8月24日 | 集团总公司人力资源管理系统(HRMS)正式启动。 |
| 12月 | 由上海市希望工程办公室安排，"毛泽民希望小学"将用上海建工集团7000名党员、8000名团员等开展"多交一个月特殊党、团费"的资金约30万元兴建。 |

## 2007年

| | |
|---|---|
| 3月31日 | 集团总承包的上海最大的植物园"辰山植物园"工程正式开工。2010年4月，辰山植物园举行开园仪式。 |
| 3月 | 2006年度国家科技进步奖揭晓，机施公司参与承担的"现代化体育馆施工技术的研究"和建工股份有限公司参与承担的"常导高速磁浮长定子轨道系统设计、制造和施工技术研究"2个项目获国家科技进步二等奖。 |
| 4月6日 | 集团召开海外工作会议，确定"大海外"的发展战略，完善"大海外"经营格局。 |
| 4月25日 | 集团总公司被认定为上海市知识产权示范企业。 |
| 4月26日 | 商务部主办，集团总公司承办的"发展中国家工程项目管理技术培训班"在坤明湖度假村开班。至2010年，共举办5期，培训来自62个国家和地区的170名学员。 |
| 5月23日 | 集团召开人才工作会议，提出要抓紧推进各类领军人才队伍的结构优化，发挥不同年龄段和不同专业领军人物的作用，力争三年内1970年以后出生的优秀年轻干部占到班子现职领导干部数的20%左右。 |
| 6月 | 集团总承包的上海虹桥机场扩建工程西航站楼桩基工程合同正式签订，这是集团在虹桥枢纽工程中签订的首个合同。虹桥综合交通枢纽是包括轨道交通、公路、航空、铁路等多种设施为一体的特大型交通枢纽，主要工程由集团总承包，工程于2011年9月完成。 |
| 7月6日 | 集团研制开发的C80高强混凝土正式用于新天地107、108地块礼兴酒店工程项目，并获得成功。 |
| 7月8日 | 上海建工房产与徐州市新城区国有资产经营有限公司签订徐州新城区3号地块B块国有土地使用权转让合同，标志着建工房产开拓外埠市场迈出实质性的步伐。 |
| 8月 | 集团四家单位同崇明县堡镇永和村、人民村和向化镇米新村，以及奉贤区四团镇渔洋村等远郊区县经济薄弱村建立结对帮扶关系。 |
| 9月27日 | 第五个国家重点工程示范性劳动竞赛——"上海世博会重大工程建设建功立业劳动竞赛推进大会"在集团承建的世博工程现场隆重举行。 |
| 10月31日 | 集团明确圣彼得堡区域市场由市建七公司代表集团进行区域公司的管理。 |
| 11月13日 | 集团承建的上海环球金融中心工程混凝土成功泵送到492米的高度，创造了混凝土浇捣高度的新纪录。 |
| 11月26日 | 集团召开国内市场工作会议。提出经过二到三年的努力，初步完成集团国内市场的战略布局。2008年3月，集团下发《关于做好国内市场的拓展工作若干意见》。 |
| 12月 | 集团承建《东海大桥（外海超长桥梁）工程关键技术与应用》获国家科技进步一等奖。2008年12月15日 集团承建的东海大桥工程获"2008年度国家优质工程金质奖"。 |

## 2008年

| | |
|---|---|
| 4月10日 | 集团海外第一座混凝土搅拌站——俄罗斯圣彼得堡搅拌站建成投产。 |
| 4月 | 上海市国资委公布上海建工集团主业中的核心业务定位为："建筑工程和商品混凝土及混凝土构件制造，房地产开发经营"；主业中的培育业务定位为："基础设施投资与经营"。 |
| 5月12日 | 四川省汶川地区发生8.0级强烈地震。23日，集团组成的首批"上海援建队"启程。经过集团6000多名建设者连续60天的奋战，共完成13232套过渡安置房、公建配套房和6座学校等。捐款累计超过1000万元。8月5日，集团总公司举行"建工集团赴川抗震救灾总结表彰大会"。集团四川绵阳过渡安置房援建集体被全国总工会授予"全国五一劳动奖状"。 |
| 6月6日 | 中共上海建工（集团）总公司第一次代表大会在中国浦东干部学院举行，选举产生集团总公司党委会、纪委会。 |
| 6月20日 | 中共中央政治局常委、国家副主席习近平参加集团承建的援蒙古乌兰巴托国家体育馆工程开工仪式。 |
| 11月16日上午 | 胡锦涛主席来到集团承建的中国驻美大使馆新馆视察并会见集团建设者代表。 |
| 26日 | 中共中央政治局常委、国务院副总理李克强出席由集团融资、设计和施工总承包的开罗国际会议中心配套酒店奠基仪式。 |
| 11月29日 | 总高度达632米的"中国第一高楼"，也是中国首幢绿色超高层建筑——上海中心大厦工程正式开工。 |
| 12月5日 | 集团召开纪念改革开放30周年交流座谈会。 |

## 2009年

| | |
|---|---|
| 1月10日 | "上海建工"(www.scg.com.cn)网站改版后正式上线。 |
| 2月20日 | 市委、市政府和市国资两委决定将由上海实业（集团）有限公司持有的中国上海外经（集团）有限公司42.55%的股份转让给上海建工（集团）总公司，据此，上海建工（集团）总公司成为外经集团第一大股东。2010年9月7日，外经集团的股权变更为上海建工（集团）总公司独立出资。 |
| 10月 | 集团下发《关于加强建筑施工企业分公司建设指导意见》。 |
| 11月20日 | 由集团总承包建造的首座越江隧道工程——人民路越江隧道实现部分通车。 |
| 12月 | 为进一步推进环保型搅拌站建设，集团制定并下发《环保型搅拌站建设规定》。 |

## 2010年

| | |
|---|---|
| 3月28日深夜 | 经过集团建设者60个小时的连续作业，中国在建的第一高楼——上海中心大厦主楼60000立方米超大体积、超深厚度、超大方量与C50高强混凝土基础底板成功浇筑完毕，创出了民用建筑一次性连续浇筑方量最大基础底板世界新纪录。 |
| 4月13日 | 集团在国际会议中心隆重召开世博工程建设总结表彰大会。 |
| 5月12日 | 证监会批复同意上海建工股份有限公司的重大资产重组事项，将集团的专业施工、房地产、预拌混凝土及构件和建筑机械业务全部注入上海建工股份有限公司，公司更名为上海建工集团股份有限公司。 |
| 6月 | 上海建工集团被命名为首批上海市企业文化建设示范基地。 |
| 7月19日 | 集团隆重举行都江堰援建总结表彰大会。 |
| 8月17日 | 集团召开第二次人才工作会议，提出今后三年要扩大人才总量，加大应届大中专毕业生和成熟人才的引进力度，提高中高级技术人员、高等级技术工人和各类执业人员的比重。 |
| 8月 | 集团成立对口支援新疆喀什地区工作领导小组，并确定了市建一公司担任援建主力。2012年8月31日，上海对口援疆五个"交钥 |

| | |
|---|---|
| | 匙"中的标志性项目——莎车县图文信息综合服务中心工程如期完工。 |
| 9月3日 | 集团总部迁入东大名路666号上海建工大厦。 |
| 9月14日 | 市国资委在上海市政工程设计研究总院召开"上海建工（集团）总公司、上海市政工程设计研究总院联合重组会议"。31日，明确市政总院党的关系划转建工集团，领导班子由建工集团党委按有关规定管理。 |
| 10月8日 | 上海建工"SCG"注册商标被国家工商总局商标局认定为"中国驰名商标"。 |
| 11月5日 | 集团召开第二次国内市场工作会议。提出"1+5+X"的市场布局目标，"1"为上海和长三角地区；"5"为以广州为中心的珠三角地区，以武汉、南昌为中心的中南地区，以北京、天津为主的京津地区，以沈阳、大连为中心的东北地区，以重庆、成都为中心的西部地区；"X"为济南、青岛、南京、西安等重点城市。 |
| 12月18日 | 国务院总理温家宝出席了集团承建的巴中友谊中心落成揭牌仪式。 |
| 12月27日 | 中国2010年上海世界博览会总结表彰大会在北京人民大会堂隆重举行。上海建工集团世博园区工程指挥部、虹桥综合交通枢纽工程总承包管理部被评为"上海世博会先进集体"。 |
| 世博会期间 | 集团共接待各类涉外团组65批，总人数约440人。其中，外国元首、政府首脑24位，受到上海市委、市政府的表彰。 |

## 2011年

| | |
|---|---|
| 1月 | 上海建工集团股份有限公司被评为2010年上海市健康系统。 |
| 3月2日 | 市委同意：上海建工集团股份有限公司领导班子列入市委管理范围，今后市委管理上海建工集团股份有限公司党委书记和副书记、纪委书记职务，董事长和副董事长、监事会主席、总裁、工会主席人选由市委提名并按有关规定办理职务任免手续，经理班子副职由公司董事会按有关规定聘任和管理。 |
| | 集团旗下的材料公司和构件公司完成了位于上海的24家混凝土搅拌站的环保改造，做到低噪声、无粉尘、废水零排放。 |
| 4月12日 | 全国政协主席贾庆林参观集团承建的萨摩亚瓦伊特来小学。 |
| 4月28日 | 集团召开青年工作会议。提出启动青年"百千"培养计划，重点培育上百支优秀青年团队和上千名各类优秀青年领军人物。 |
| 6月22日 | 集团在中国浦东干部学院隆重举行纪念建党90周年大会。会后举行主题为"我们跟党走"的职工文艺汇演。 |
| 7月26日 | 中国证券监督管理委员会核准上海建工集团股份有限公司向上海建工（集团）总公司发行股份购买资产。本次重组完成后，上海建工（集团）总公司的核心业务和资产已注入到上海建工集团股份有限公司。 |
| | 原属上海电气集团旗下的上海木材工业研究所，以国有资产划转的方式，整体归属到上海建工集团，成为装饰公司的全资子公司。 |
| | 上海建工集团被授予全国住房和城乡建设系统"企业文化建设示范单位"。 |
| 8月22日 | 集团召开《上海建工集团志》编纂委员会第一次（扩大）会议。 |
| 10月14日 | 汶川地震灾后恢复重建总结表彰大会在北京隆重召开。集团有2人获得"汶川地震灾后恢复重建先进个人"荣誉称号。 |
| 11月2日 | 集团对总部部门进行调整，设立总裁事务部（内设战略研究室、法务部、企业文化处、信息化管理处、信访室，2012年增设设计咨询管理处）、生产经营部、资产财务部、企业管理部、人力资源部、投资管理部、外经管理部、总工程师办公室、监察审计处、外事处、保卫处。 |
| 11月8日 | 为适应发展要求，集团设立第一工程建设事业部、第二工程建设事业部、第四工程建设事业部、第五工程建设事业部、第七工程建设事业部、投资发展事业部，2012年7月2日设立市政桥梁工程建设事业部，2012年10月30日设立土木钢构工程建设事业部。 |
| | 集团党委制定下发《关于进一步加强项目党建工作的指导意见》，从六个方面对进一步加强集团项目党建工作提出要求。 |

| | |
|---|---|
| 12月19日 | 集团下发《上海建工集团股份有限公司"十二五"发展规划纲要（2011年—2015年）》。 |
| | 集团营业额达到1039亿元。 |

## 2012年

| | |
|---|---|
| 3月28日 | 按照住房和城乡建设部有关特级资质的新标准，上海建工集团股份有限公司获得房屋建筑工程施工总承包特级、市政公用工程施工总承包特级资质和建筑行业(建筑工程)设计甲级资质。一建、二建、四建、五建、七建分别获得房屋建筑工程施工总承包特级和建筑行业(建筑工程)设计甲级资质。集团仍为上海唯一双特级资质企业。 |
| 4月10日 | 集团开通官方微博（http://weibo.com/scgwb）。 |
| | 集团对5家建筑企业进行了集团化改制，5家建筑企业名称相应变更。具体为：上海市第一建筑有限公司更名为上海建工一建集团有限公司；上海市第二建筑有限公司更名为上海建工二建集团有限公司；上海市第四建筑有限公司更名为上海建工四建集团有限公司；上海市第五建筑有限公司更名为上海建工五建集团有限公司；上海市第七建筑有限公司更名为上海建工七建集团有限公司。更名完成后，子集团所属序号分公司的名称统一更名为工程公司。 |
| 6月4日 | 上海久创建设有限公司划归上海建工（集团）总公司。 |
| 6月 | 由集团投资估算108亿元建设的昆山市中环快速化工程开工。 |
| 8月31日上午 | 集团与宝钢合资成立的冠达尔钢结构（江苏）有限公司在江苏海门海宝工业园区正式揭牌。 |
| 9月4日 | 外经集团收购厄立特里亚扎拉矿业公司60%股权签字仪式在集团本部举行。 |
| 11月14日 | 集团被住房和城乡建设部和中国建筑业协会授予"创鲁班奖工程特别荣誉企业"称号。自1987年国家设立"鲁班奖"，到2012年，上海建工有82个工程获鲁班奖（含3个境外鲁班奖）。从1994年集团成立到2012年，有6个项目获国家优质工程金奖、50个项目获银奖；26个项目获中国土木工程詹天佑奖。 |
| 11月22日 | 集团印发《上海建工集团股份有限公司企业管理基本规范》等61个企业管理文件，近50万字。 |
| 2012年 | 集团营业额超过1218亿元。 |

## 2013年

| | |
|---|---|
| 3月28日 | 集团美国公司与美国富顿集团合作开发位于纽约皇后区法拉盛区域的富顿二号（上海建工广场），该项目是一个集酒店、娱乐、餐饮、休闲、住宅及社区服务为一体的多元化综合商业广场。 |
| 4月10日 | 上海建工集团工程研究总院成立。 |
| 4月11日 | 上海中心大厦主楼核心筒结构达到108层，高度为501.3米。 |

大事记

# 历任领导及有关负责人名录
LIST OF SUCCESSIVE LEADERSHIP

**上海市建筑工程局、上海市建筑工程管理局**

（1953年1月至1993年12月）

历任党委（党组等）正副书记、书记助理；正副局长（革委会正副主任）、局长助理；纪（监）委书记；工会主任、主席；总工程师等

| | | |
|---|---|---|
| 罗白桦 | 临时分党委书记 | 1953年1月至1953年6月 |
| | 党委书记 | 1953年6月至1956年 |
| 杨兆熊 | 党组书记 | 1956年下半年至1957年初 |
| 范达夫 | 党委书记 | 1957年3月至1958年2月 |
| 冯国柱 | 主持党委工作 | 1958年2月至1958年3月 |
| 张文韬 | 党委书记 | 1958年3月至1962年11月 |
| 孙良浩 | 党委书记 | 1962年12月至1966年 |
| | | 1980年1月至1983年10月 |
| 王国良 | 党委书记 | 1977年4月至1978年4月 |
| 陈去非 | 党委书记 | 1978年4月至1980年1月 |
| 王世雄 | 党委书记 | 1983年10月至1993年4月 |
| | 党委书记助理 | 1981年12月至1983年10月 |

| | | |
|---|---|---|
| 施东昌 | 临时分党委副书记 | 1953年1月至1953年6月 |
| | 党委副书记 | 1953年至1955年 |
| 罗代周 | 党委副书记 | 1953年6月至1956年 |
| 李雷 | 党组副书记 | 1956年下半年至1957年初 |
| | 党委副书记 | 1964年2月至1966年 |
| | | 1978年3月至1983年7月 |
| 刘子荣 | 党委副书记 | 1957年3月至1960年8月 |
| 孙良浩 | 党委副书记 | 1958年3月至1962年12月 |
| 黄明亮 | 党委副书记 | 1960年7月至1966年 |
| 王元浩 | 党委副书记 | 1977年4月至1982年4月 |
| 李学存 | 党委副书记 | 1979年5月至1983年10月 |
| 王国良 | 党委副书记 | 1980年1月至1983年10月 |
| 王永良 | 党委副书记 | 1983年10月至1986年7月 |
| 张凤亭 | 党委副书记 | 1983年10月至1984年10月 |
| 王文忠 | 党委副书记 | 1985年10月至1988年10月 |
| | 党委书记助理 | 1984年8月至1985年10月 |

| | | |
|---|---|---|
| 石礼文 | 党委副书记 | 1991年11月至1993年12月 |
| 蒋志权 | 党委副书记 | 1993年3月至1993年12月 |
| 范忠伟 | 党委副书记 | 1993年3月至1993年12月 |
| | 党委书记助理 | 1990年11月至1993年3月 |

| | | |
|---|---|---|
| 罗白桦 | 局长 | 1953年6月至1956年6月 |
| 杨兆熊 | 局长 | 1956年5月至1958年2月 |
| | | 1958年5月至1961年4月 |
| 张文韬 | 负责局行政工作 | 1958年2月至1958年5月 |
| 陈去非 | 局长 | 1961年4月至1966年 |
| | | 1978年4月至1980年1月 |
| 王国良 | 革委会主任 | 1977年4月至1978年3月 |
| | 局长 | 1978年3月至1978年4月 |
| | | 1980年1月至1983年10月 |
| 王永良 | 局长 | 1983年10月至1986年7月 |
| 石礼文 | 局长 | 1986年7月至1993年12月 |

| | | |
|---|---|---|
| 杨兆熊 | 副局长 | 1953年6月至1956年4月 |
| 罗代周 | 副局长 | 1953年11月至1956年5月 |
| 李雷 | 副局长 | 1956年5月至1960年8月 |
| | | 1962年8月至1964年2月 |
| 范达夫 | 副局长 | 1957年4月至1963年1月 |
| 陈去非 | 副局长 | 1958年3月至1961年4月 |
| 郝光 | 副局长 | 1958年3月至1966年 |
| 任锡中 | 副局长 | 1962年8月至1964年 |
| 朱合喜 | 副局长 | 1964年2月至1966年 |
| 王国良 | 副局长 | 1964年2月至1966年 |
| 刘云青 | 副局长 | 1964年2月至1966年 |
| 朱俊欣 | 副局长 | 1966年3月至1968年 |
| 王元浩 | 革委会副主任 | 1977年4月至1978年3月 |
| | 副局长 | 1978年3月至1982年4月 |
| 王英臣 | 革委会副主任 | 1977年4月至1978年3月 |
| 苏学礼 | 革委会副主任 | 1977年4月至1978年3月 |

| | | |
|---|---|---|
| 李 雷 | 革委会副主任 | 1977年8月至1978年3月 |
| 朱合喜 | 革委会副主任 | 1977年8月至1978年3月 |
| | 副局长 | 1978年3月至1983年10月 |
| 严 琦 | 副局长 | 1978年3月至1983年10月 |
| 吴祥明 | 副局长 | 1978年3月至1983年9月 |
| 蔡振耀 | 副局长 | 1978年3月至1981年3月 |
| 阮 正（女） | 副局长 | 1978年3月至1983年10月 |
| 叶政青 | 副局长 | 1978年4月至1983年10月 |
| 黄文斌 | 副局长 | 1978年4月至1983年2月 |
| 陈志余 | 副局长 | 1982年2月至1987年10月 |
| 朱桂棠 | 副局长 | 1983年10月至1993年2月 |
| | 局长助理 | 1981年1月至1983年10月 |
| 石礼文 | 副局长 | 1983年10月至1986年7月 |
| 杨小林 | 副局长 | 1983年10月至1985年9月 |
| 吴文达 | 副局长 | 1985年6月至1993年12月 |
| | 局长助理 | 1984年8月至1985年6月 |
| 黄文忠 | 副局长 | 1986年5月至1993年12月 |
| | 局长助理 | 1984年8月至1986年5月 |
| 姚建平 | 副局长 | 1991年11月至1993年12月 |
| 孙剑东 | 副局长 | 1993年2月至1993年12月 |
| 罗代周 | 纪委书记 | 1953年6月至1957年3月 |
| 刘子荣 | 监委书记 | 1957年5月至1960年8月 |
| 黄明亮 | 监委书记 | 1958年6月至1966年 |
| 李 雷 | 纪委书记 | 1979年7月至1983年7月 |
| 王立玺 | 纪委书记 | 1983年10月至1985年10月 |
| 何卫国 | 纪委书记 | 1985年10月至1993年2月 |
| 常学斌 | 纪委书记 | 1993年3月至1993年12月 |

| | | |
|---|---|---|
| 吕继英（女） | 工会工作委员会主任 | 1953年8月至1954年3月 |
| 刘 影 | 工会工作部部长 | 1960年5月至1962年12月 |
| 毕省三 | 工会工作委员会主任 | 1962年12月至1966年 |
| 陶敏玲（女） | 工会主任 | 1981年12月至1990年7月 |
| 肖长松 | 工会主任 | 1991年1月至1991年11月 |
| | 工会主席 | 1991年11月至1993年12月 |

| | | |
|---|---|---|
| 吴世英 | 总工程师 | —1961年8月 |
| 江殿珵 | 总工程师 | 1977年11月至1978年 |
| 秦惠民 | 总工程师 | 1978年3月至1987年3月 |
| 叶可明 | 总工程师 | 1992年9月至1993年12月 |

## 上海建工（集团）总公司

（1993年12月至2011年2月）

历任党委正副书记；正副董事长，正副监事长（监事会主席），正副总经理，总工程师，总会计师，总经理助理；纪委书记；工会主席等

| | | |
|---|---|---|
| 石礼文 | 党委书记 | 1996年7月至2001年3月 |
| 蒋志权 | 党委书记 | 2001年3月至2011年2月 |

| | | |
|---|---|---|
| 蒋志权 | 党委副书记 | 主持工作，1993年12月— |
| 石礼文 | 党委副书记 | 1993年12月至1996年7月 |
| 范忠伟 | 党委副书记 | 1993年12月至2011年2月 |
| 徐 征 | 党委副书记 | 2001年3月至2011年2月 |
| 皋古俨 | 党委副书记 | 2009年1月至2010年8月 |

| | | |
|---|---|---|
| 石礼文 | 董事长 | 1996年7月至2001年4月 |
| 蒋志权 | 董事长 | 2001年4月至2011年2月 |

| | | |
|---|---|---|
| 蒋志权 | 副董事长 | 1993年12月至1996年7月 |
| 石礼文 | 副董事长 | 1993年12月至1996年7月 |

| | | |
|---|---|---|
| 李春涛 | 监事长 | 1995年6月至2000年7月 |
| 易庆瑶 | 监事会主席 | 2000年7月至2004年7月 |
| 杨沛田 | 监事会主席 | 2005年11月至2009年4月 |

| | | | | | |
|---|---|---|---|---|---|
| 陆海平 | 副监事长 | 1995年6月至2000年10月 | 范庆国 | 总工程师 | 1998年4月至2010年6月 |
| 常学斌 | 副监事长 | 1995年6月至1999年7月 | | | |
| 郭雪林 | 副监事长 | 1999年7月至2000年10月 | 刘国林 | 总会计师 | 1997年6月至2011年2月 |
| 石礼文 | 总经理 | 1993年12月至1996年7月 | | | |
| 蒋志权 | 总经理 | 1996年7月至2001年4月 | 钱 培 | 副总裁 | 2004年3月至2007年10月 |
| 徐 征 | 总经理 | 2001年4月至2011年2月 | 蒋曙杰 | 总经理助理 | 2007年1月至2008年11月 |
| 吴文达 | 副总经理 | 1993年12月至1997年2月 | 常学斌 | 纪委书记 | 1993年12月至1999年6月 |
| | | 1998年1月至2000年3月 | 郭雪林 | 纪委书记 | 1999年6月至2011年2月 |
| 黄文忠 | 副总经理 | 1993年12月至2002年12月 | | | |
| 姚建平 | 副总经理 | 1993年12月至2009年8月 | | | |
| 孙剑东 | 副总经理 | 1993年12月至1995年12月 | 肖长松 | 工会主席 | 1993年12月至2011年2月 |
| 倪 豪 | 副总经理 | 1997年6月至2009年8月 | | | |
| | 总经理助理 | 1996年1月至1997年6月 | | | |
| 徐 征 | 副总经理 | 1997年6月至2001年4月 | | | |
| | 总经理助理 | 1996年1月至1997年6月 | | | |
| 童继生 | 副总经理 | 2000年3月至2011年2月 | | | |
| 丁 浩 | 副总经理 | 2001年8月至2003年5月 | | | |
| | 总经理助理 | 1999年11月至2001年8月 | | | |
| 林锦胜 | 副总经理 | 2003年7月至2011年2月 | 蒋志权 | 党委书记 | 2011年2月— |
| | 总经理助理 | 2001年8月至2003年7月 | | | |
| 陈 敏 | 副总经理 | 2005年8月至2010年6月 | | | |
| 房庆强 | 副总经理 | 2006年7月至2011年2月 | 徐 征 | 党委副书记 | 2011年2月— |
| | 总经理助理 | 2004年5月至2006年7月 | 范忠伟 | 党委副书记 | 2011年2月— |
| 杭迎伟 | 副总经理 | 2006年7月至2011年2月 | 杭迎伟 | 党委副书记 | 2012年8月— |
| | 总经理助理 | 2005年4月至2006年7月 | | | |
| 卞家骏 | 副总经理 | 2009年8月至2011年2月 | | | |
| | 总经理助理 | 2008年11月至2009年8月 | 张立新 | 党委书记助理 | 2011年3月— |
| 叶可明 | 总工程师 | 1993年12月至1998年4月 | 徐 征 | 董事长 | 2011年2月— |
| | 顾问总工程师 | 1998年4月至2011年2月 | 蒋志权 | 副董事长 | 2010年6月— |

**上海建工集团股份有限公司**

（2011年2月—— ）

历任党委正副书记、党委书记助理；正副董事长，监事会主席，正副总裁，总工程师，总经济师，总会计师，总裁助理；纪委书记；工会主席等

| | | |
|---|---|---|
| 郭雪林 | 监事会主席 | 2010年6月至2013年4月 |
| 张嘉毅 | 监事会主席 | 2013年4月— |

| | | |
|---|---|---|
| 徐 征 | 总 裁 | 2011年2月至2012年9月 |
| 杭迎伟 | 总 裁 | 2012年9月— |
| | 副总裁 | 2011年3月至2012年9月 |

| | | |
|---|---|---|
| 童继生 | 副总裁 | 2011年3月— |
| 林锦胜 | 副总裁 | 2011年3月— |
| 房庆强 | 副总裁 | 2011年3月— |
| 卞家骏 | 副总裁 | 2011年3月— |
| | 总经济师（兼） | |
| 汤 伟 | 副总裁 | 2011年5月— |

| | | |
|---|---|---|
| 龚 剑 | 总工程师 | 2011年5月— |

| | | |
|---|---|---|
| 刘国林 | 总会计师 | 2011年3月至2012年12月 |
| 尹克定 | 总会计师 | 2012年12月— |

| | | |
|---|---|---|
| 朱忠明 | 总裁助理 | 2012年12月— |
| 秦宝华 | 总裁助理 | 2012年12月— |

| | | |
|---|---|---|
| 郭雪林 | 纪委书记 | 2011年2月— |

| | | |
|---|---|---|
| 肖长松 | 工会主席 | 2011年2月至2011年9月 |
| 张立新 | 工会主席 | 2011年9月— |

**"文革"时期**

"文革"期间，担任过革命委员会召集人，党的核心小组正副组长，党委正副书记，革命委员会正副主任等职务的人员有：张国田、董桂莲、周鸣翔、朱万国、曹汝清、杨序昭、陈去非、张秀清（女）、仇长根、孙良浩、余 林、郝 光。

参考文献：

上海城市规划志 [M]. 上海：上海社会科学院出版社，1999.

上海建筑施工志 [M]. 上海：上海社会科学院出版社，1997.

千年回眸——上海建筑施工历史图集 [M]. 上海：上海画报出版社，2003.

澎湃的涛声——上海近代营造业留影 [M]. 上海：上海锦绣文章出版社，2009.

上海的记忆——桥 [M]. 上海：上海教育出版社，2007.

城市记忆 [M]. 上海：上海辞书出版社，2006.

实证上海史 [M]. 上海：上海古籍出版社，2010.

沪游杂记 [M]. 上海：上海书店出版社，2006.

# 后 记
POSTSCRIPT

    上海建工自20世纪70年代即参与了上海城市建设史料的收集和整理，编写了上海建筑史文稿；90年代，在上海第一轮修志中，承担了《上海建筑施工志》的编写；进入21世纪初，集团利用史料编辑出版了多部图书，建起"上海建筑施工历史展示厅"。不久前，集团开始承编上海市第二轮修志中的《上海建工集团志》的编写；我们很荣幸，参与了上海城市建设历史史料的收集和整理并取得成果，也是为弘扬上海城市的"精、气、神"出了一份力。参与这本"图志"编写的全都是在上海建工工作多年的员工，是企业历程的参与者和感悟者，就是在这种"上海情感"、"建工情结"的激励下，不辞辛苦，勤奋耕耘，终有收获。

    上海建工发展涉及面广，定位"图志"，又要体例严谨，亦图亦文，资料须事实客观真实，给编写者带来了一定的难度。好在编写这本书得到了各相关机构和热心人士的支持，上海图书馆、上海市档案馆、集团和各单位的档案室为查阅史料提供了方便。上海金山石化有限公司档案馆、南京梅山钢铁有限公司、上海大学历史系等提供了重要资料。《上海建工集团志》编写办公室和集团总部各部门积极参与，集团的离退休老领导、老同志及家人也提供了宝贵的资料，上海中国画院为本书的编辑出版提供了大力协助，在此，一并表示衷心的感谢！

    10年前，上海建工创立50周年时，我们编写出版了大型图集《千年回眸》，浏览上海建筑行业发展史。10年后的今天，我们编写出版了《六十华章》图志，记载一个企业的创业史，愿同样得到读者的欢迎和指正。

### 统筹、撰稿
朱洁士　李晓华　章华平　徐宝均　王震国等

### 摄　影
毛伟浩　王新民　卢惠桦　陈慈烈　郑孝崇　林　海　周培鲁
郭继光　姜锡荣　顾立祥　徐正魁　徐有威　顾庆生　夏鸣奇
曹南奇　黄伟达　鲍正良　鲍桂喜　缪云明　聂逢辰等

### 视觉策划
丁筱芳

### 插　图
杨宏富　桑麟康等

### 资料统筹
丁和建　孙雪妹　陈颖华　赵强华　徐文斌　徐承柱　楼　杰等

### 翻　译
吴国庆

图书在版编目（CIP）数据

六十华章　上海建工图志　1953—2013 / 蒋志权主编. —北京：中国建筑工业出版社，2013.6
ISBN 978-7-112-15419-7

Ⅰ.①六… Ⅱ.①蒋… Ⅲ.①建筑企业集团－概况－上海市－1953～2013－画册 Ⅳ.①F426.9-64

中国版本图书馆CIP数据核字（2013）第091177号

# 六十华章
## 上海建工图志
### 1953—2013
主编　蒋志权

\*

中国建筑工业出版社出版、发行（北京西郊百万庄）
各地新华书店、建筑书店经销
上海雅昌彩色印刷有限公司制版
上海雅昌彩色印刷有限公司印刷

\*

开本：720×1020毫米　1/8　印张：32 1/2　字数：845千字
2013年6月第一版　　2013年6月第一次印刷
定价：598.00元
ISBN 978-7-112-15419-7
（24024）

**版权所有　翻印必究**
如有印装质量问题，可寄本社退换
（邮政编码　100037）